부수로 배우는 상식한자

이상기 편저

머리말

　한때 사용을 금지하라는 말까지 있었던 漢字(한자) 교육이 국제화·세계화의 새로운 수단으로 다시 등장하게 되었다. 일본·중국·동남아 국가 등 한자문화권 국가들과의 교류에는 한자가 중요한 무기가 될 수 있다는 판단에서이다.

　사실 우리는 오랫동안 한글 전용이라는 명분에 묶여 한자를 제대로 가르치지도 않으면서, 현실적으로는 한자를 강요하는 이중언어구조 속에서 살아왔다. 현실은 한자 병용인데 교육은 한글 전용에 치중해 온 절름발이 교육이었던 것이다.

　이웃나라 일본은 1,945자의 한자 교육을 소학교 일학년부터 철저하게 시키고 있으며, 북한도 한자 교육을 1968년부터 부활해 1,500자를 초등학교부터 가르치고 있다. 더구나 중국은 한자의 원조이며 그 인구는 13억이라 한다. 그러므로 동북아의 한자문화권의 인구는 약 15억이 넘는다. 한국·일본·중국이라는 유교 한자권 문화간의 유대와 교류, 그리고 교육이라는 국제화 시각에서도 한자의 생활화는 더욱 필요하게 되었다.

　그럼 여기서 이 책의 특색을 살펴보도록 하자.

1. 부수의 갈래와 그 순서에 따랐다.

　같은 부수나 획수는 ㄱ, ㄴ, ㄷ의 음순에 따라 배열하여 정
통적 학습방법으로 엮었다.

2. 그 내용과 체재를 현대적인 감각에 맞게 엮었다.

3. 정확한 이해에 도움을 주기 위하여, 대표적인 훈과 음을 밝
혀 흥미 있고도 합리적인 한자 학습을 할 수 있게 엮었다.

4. 표제자 옆에는 부수를 뺀 나머지 획수를 표시하였다.

　독자 여러분의 꾸준한 성심과 노력으로 이 책이 한문 공부에
많은 도움이 되기를 간절히 바라며, 끝으로 이 책의 출판을 쾌히
승낙해 주신 선영사 김영길 사장님과 임직원 여러분께 깊은 감
사를 드립니다.

1995년

李相麒

차 례

부수로 배우는 상식 한자

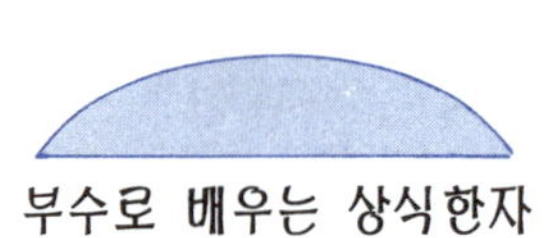

부수로 배우는 상식한자

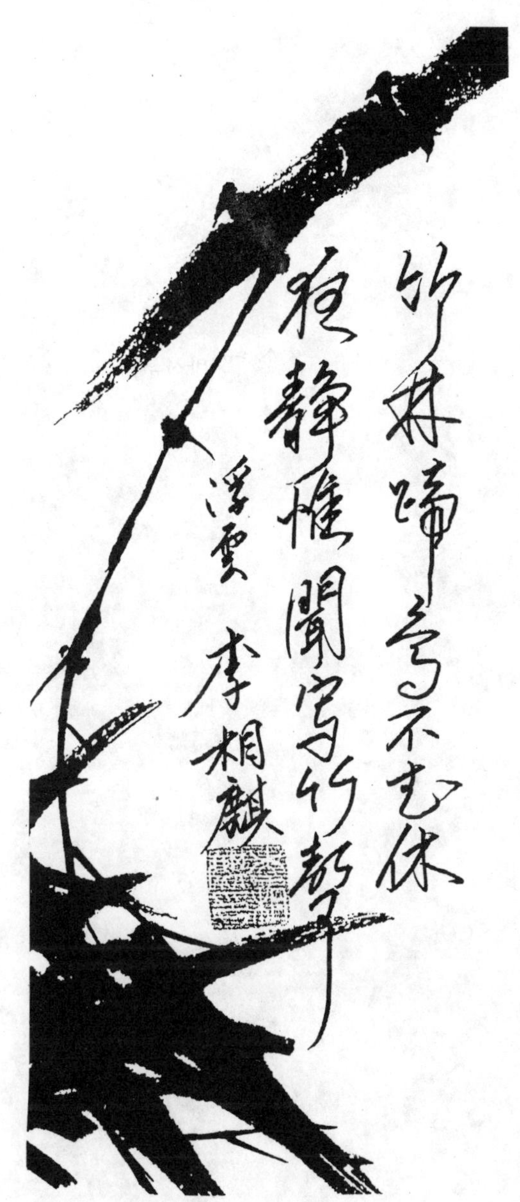

竹林晴氣不曾休
夜靜惟聞寫竹聲
浮雲 李相麒

제1편

상식 한자

一部(한일 부)

⓪ 一　한　일　[一]

• 一家見(일가견) : 어느 문제에 대해 개인이 갖는 체계의 전문적인 견해.
• 一衣帶水(일의대수) : 한 줄기의 띠와 같은 냇물이나 강물. 이웃 나라.

① 丁　고무래　정　[一 丁]

• 丁年(정년) : 남자가 스물이 되는 나이.
• 兵丁(병정) : 군인·병사.

② 三　석　삼　[一 二 三]

• 三綱(삼강) : 임금과 신하, 부모와 자식, 남편과 아내 사이에 지켜야 할 세 가지 도리.
• 三省(삼성) : 세 번 반성함. 여러 번 반성함.

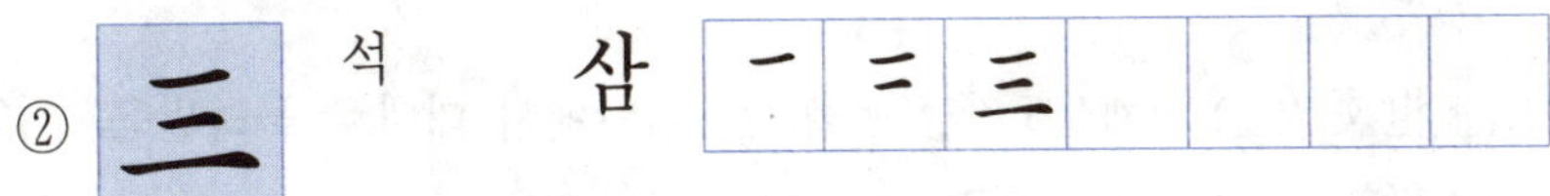

② 上　윗　상　[丨 卜 上]

• 上京(상경) : 시골에서 서울로 올라감.
• 上旬(상순) : 매월 1일에서 10일까지 사이.

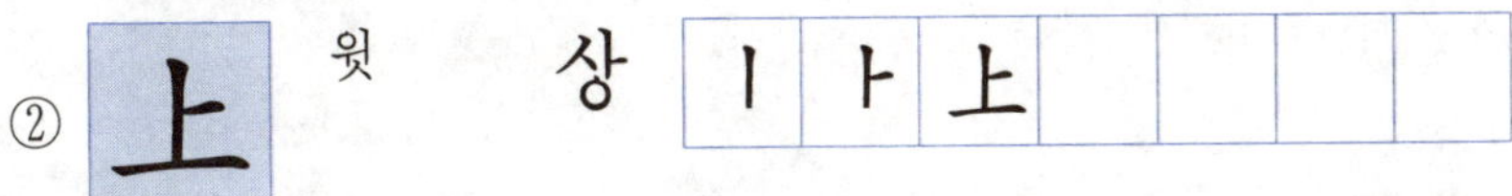

② 丈　어른　장　[一 ナ 丈]

- 丈夫(**장부**) : 다 자란 씩씩한 남자.
- 丈人(**장인**) : 아내의 아버지.

② 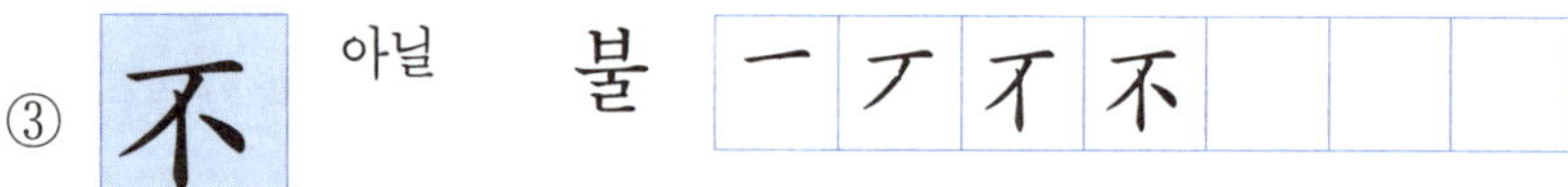

- 下剋上(**하극상**) : 아랫사람이 윗사람을 범함.
- 下落(**하락**) : (값·등급 등이) 떨어짐.

③ 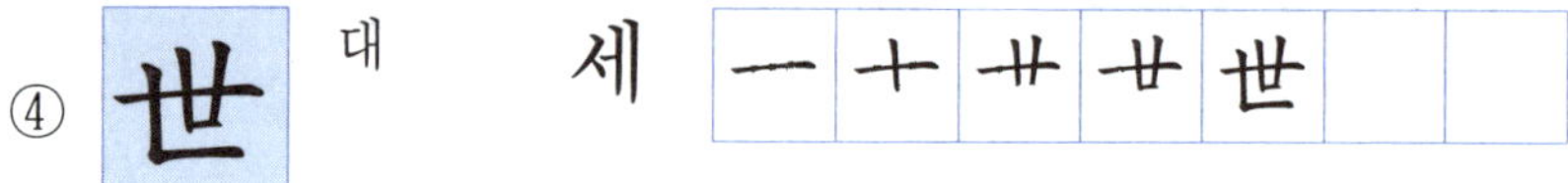

- 不夜城(**불야성**) : 밤이 낮같이 밝은 곳을 비유.
- 不撓不屈(**불요불굴**) : 한 번 결심한 마음이 흔들리거나 굽힘이 없이 억셈.

④ 世 대 세 一 十 卅 卅 世

- 世襲(**세습**) : (재산·직업 등을) 한 집안에서 대대로 물려받음.
- 世態(**세태**) : 세상 형편.

亠部(돼지해머리부)

① **亡** 망할 망 ｜ 丶 二 亡

- **亡命(망명)** : 자기 나라에서 정치적 탄압을 피해 외국으로 옮김.
- **亡兆(망조)** : 망할 징조.

④ **交** 사귈 교 ｜ 丶 二 亠 六 办 交

- **交易(교역)** : 주로 나라들 사이에서 물건을 사고 팔고 하여 서로 바꿈.
- **交際(교제)** : 서로 사귀거나 사귀어 가까이 함.

⑤ **亨** 형통할 형 ｜ 丶 二 亠 亠 亠 亯 亨

- **亨通(형통)** : 모든 일이 뜻과 같이 잘됨.
- **元亨利貞(원형이정)** : 하늘이 갖추고 있는 네 가지 덕. 곧, 봄· 여름·가을·겨울의 원리.

⑥ **京** 서울 경 ｜ 亠 亠 亠 亠 京 京 京

- **京鄕(경향)** : 서울과 시골.
- **歸京(귀경)** : 서울로 돌아옴.

⑥ **享** 누릴 향 ｜ 亠 亠 亠 亠 亯 享 享

- **享樂(향락)** : 즐거움을 누림.

• **享有(향유)** : 누리어 가짐.

⑦ 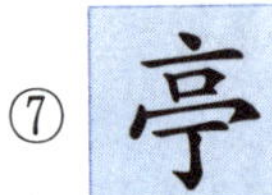 정자   정   ｜ 一 ｜ 亠 ｜ 宀 ｜ 户 ｜ 㝵 ｜ 亭 ｜ 亭 ｜

• **亭子(정자)** : 경치가 좋은 곳에 휴식·놀이 등에 쓰기 위하여 지은 집.

• **亭亭(정정)** : 늙은 몸이 씩씩한 모습.

人部(사람인부)

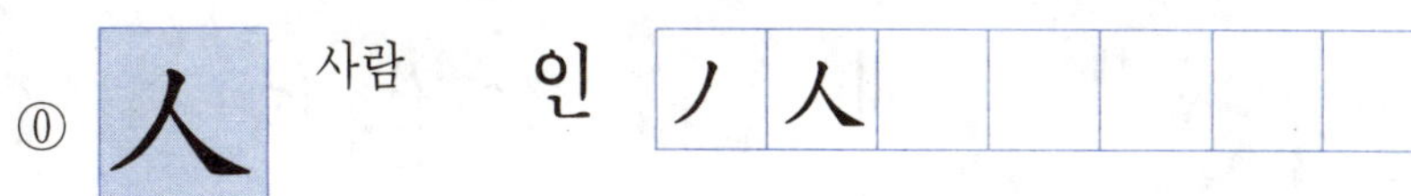

⓪ 人 사람 인   ノ 人

- 人格(인격) : 사람의 됨됨이.
- 人權(인권) : 사람마다 가지고 있는 기본적인 권리.

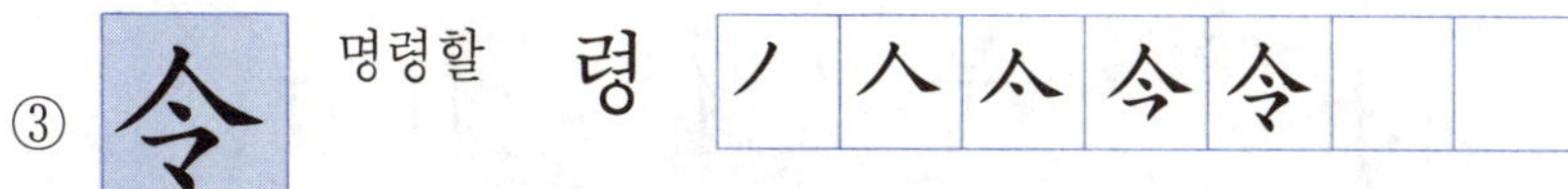

③ 令 명령할 령   ノ 𠆢 亼 令 令

- 令夫人(영부인) : 남을 높여서 그 '아내'를 이르는 말.
- 令狀(영장) : 정부에서 내는 명령서.

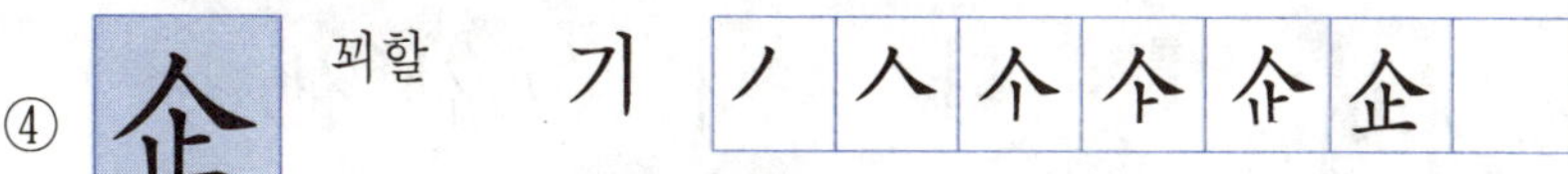

④ 企 꾀할 기   ノ 人 个 仐 企 企

- 企圖(기도) : 어떤 일을 이루기 위하여 계획을 세우거나, 그 계획의 실현을 꾀함.
- 企業(기업) : 경제 분야에서의 경영 활동.

亻部(人部와 같음)

③ 代 대신할 대 ノ 亻 亻 代 代

- 代金(대금) : 물건 값으로 치르는 돈.
- 代理(대리) : 어떤 사람이나 직무를 대신함.

③ 付 줄 부 ノ 亻 亻 付 付

- 付託(부탁) : (무슨 일을)하여 달라고 맡김.
- 交付(교부) : 기관에서 문서·증명서 등을 내어줌.

③ 他 다를 타 ノ 亻 亻 忚 他

- 他意(타의) : 다른 사람의 생각이나 마음.
- 他鄉(타향) : 고향이 아닌 다른 곳.

④ 伏 엎드릴 복 ノ 亻 亻 仕 伏 伏

- 伏中(복중) : 초복에서 말복까지의 삼복.
- 屈伏(굴복) : 굽히어 복종함.

④ 任 맡길 임 ノ 亻 亻 仁 仟 任

- 任期(임기) : 일정한 책임을 맡아보는 기간.
- 任用(임용) : 직무를 맡겨서 등용함.

④ **仲** 버금 중 ／ 亻 亻 仲 仲 仲

- **仲介(중개)** : 당사자의 중간에서 일을 주선함.
- **仲媒(중매)** : 혼인을 하도록 소개함.

④ **休** 쉴 휴 ／ 亻 亻 什 休 休

- **休暇(휴가)** : 일정한 기간 동안 쉬는 일.
- **休戰(휴전)** : 전쟁을 얼마 동안 중지함.

⑤ **但** 다만 단 ／ 亻 亻 但 但 但 但

- **但書(단서)** : 본문 다음에 '단(但)'자를 써 어떤 조건을 밝힌 글.
- **但只(단지)** : 다만.

⑤ **伯** 맏 백 ／ 亻 亻 伯 伯 伯 伯

- **伯父(백부)** : 큰아버지.
- **伯仲(백중)** : 맏이와 둘째.

⑤ **佛** 부처 불　약 仏 ／ 亻 亻 佛 佛 佛 佛

- **佛經(불경)** : 불교의 경문.
- **念佛(염불)** : 부처의 모습과 공덕을 생각하면서 나무아미타불을 부르는 일.

⑤ **作** 지을 작 ／ 亻 仁 作 作 作 作

- **作業(작업)** : 일정한 목적 아래 하는 일.
- **作況(작황)** : 농사가 잘되고 못 된 상황.

⑤ **低** 낮을 저   ／ 亻 亻 仁 任 低 低

- **低廉(저렴)** : 값이 쌈.
- **低俗(저속)** : 품격이 낮고 속됨.

⑥ **佳** 아름다울 가   亻 亻 仁 住 佳 佳 佳

- **佳約(가약)** : 부부가 되자는 약속.
- **佳作(가작)** : 당선작으로 인정하기는 어려우나 그 다음 가는 잘
  된 작품.

⑥ **供** 이바지할 공   亻 亻 什 世 供 供 供

- **供給(공급)** : 물품을 대어 줌.
- **供養(공양)** : 웃어른을 모시면서 음식 이바지를 하는 일.

⑥ **併** 아우를 병   약 併   亻 亻 伊 伊 伊 倂 併

- **併用(병용)** : 한 가지 것으로 다 같이 씀. 竝用(병용).
- **併呑(병탄)** : 남의 재물이나 영토를 강제로 자기 것으로 만듦.

⑥ **使** 하여금 사   亻 亻 仁 仨 伊 使 使

- **使用(사용)** : ① 물건을 씀. ② 사람을 부려 씀.
- **使嗾(사주)** : 남을 부추겨 나쁜 일을 시킴.

⑥ **依** 의지할 의 ｜ 亻 | 个 | 仃 | 依 | 依 | 依

- **依據(의거)** : 일정한 사실에 근거함.
- **依然(의연)** : 전과 다름없음.

⑦ **係** 걸릴 계 [약] 系 ｜ 亻 | 亻 | 伭 | 係 | 係 | 係

- **係累(계루)** : 다른 사물에 얽매여 누(累)가 됨.
- **係員(계원)** : 어떤 계의 일을 맡아보는 사람.

⑦ **侮** 업신여길 모 [약] 侮 亻 | 伃 | 仵 | 侮 | 侮 | 侮

- **侮辱(모욕)** : 업신여겨 깔봄.
- **受侮(수모)** : 남에게 모욕을 받음.

⑦ **保** 보호할 보 亻 | 亻 | 佀 | 俣 | 保 | 保 | 保

- **保管(보관)** : 남의 물품이나 돈을 맡아 관리함.
- **保證(보증)** : 남의 신분이나 행동을 증명하여 책임을 짐.

⑦ **俗** 풍속 속 亻 | 亻 | 伀 | 俗 | 俗 | 俗 | 俗

- **俗世(속세)** : 현실을 속되다고 보는 관점에서의 현실 사회.
- **俗稱(속칭)** : 통속적인 일컬음.

⑦ **信** 믿을 신 亻 | 亻 | 信 | 信 | 信 | 信 | 信

- **信念(신념)** : 굳게 믿는 마음.

• 信仰(신앙) : 종교를 믿고 받듦.

⑦ **俊** 준걸 준 亻 亻 亻 亻 俨 俊 俊

• 俊傑(준걸) : 재주와 지혜가 뛰어남.
• 俊秀(준수) : 재주·슬기·풍채가 남달리 빼어남.

⑦ **便** 편할 편 / 오줌 변 亻 亻 亻 便 便 便 便

• 便利(편리) : 편하고 이로우며 이용하기 쉬움.
• 便祕(변비) : 대변이 너무 굳어서 잘 누어지지 않는 병.

⑧ **個** 낱 개  약 个 亻 亻 們 個 個 個 個

• 個別(개별) : 낱낱이. 따로따로.
• 個性(개성) : 개인마다 각각 다르게 형성되는 취미·성격 등의
  특성.

⑧ **倦** 게으를 권 亻 亻 仁 伴 伕 倦 倦

• 倦厭(권염) : 게을러지고 싫증이 남.
• 倦怠(권태) : 시들하게 여겨져서 생기는 게으름이나 싫증.

⑧ **倒** 넘어질 도 亻 亻 仔 侄 侄 倒 倒

• 倒立(도립) : 거꾸로 섬.
• 倒置(도치) : 거꾸로 놓음.

⑧ 倫　인륜　륜　｜ 亻 亻 伀 伀 倫 倫

- **倫理(윤리)** : 사람이 지켜야 할 도리와 규범.
- **倫匹(윤필)** : 나이나 신분이 서로 같거나 비슷한 사이의 사람.

⑧ 修　닦을　수　｜ 亻 亻 𠂤 攸 修 修

- **修理(수리)** : 고장난 곳이나 허름한 곳을 손보아 고침.
- **修養(수양)** : 신체와 정신을 단련하며, 지식과 품성을 높임.

⑧ 借　빌　차　亻 亻 供 供 借 借 借

- **借款(차관)** : 국제간의 자금의 대차.
- **借用(차용)** : 물건·돈 등을 빌리거나 꾸어 씀.

⑧ 候　기후　후　亻 亻 伫 侯 候 候 候

- **候補(후보)** : 장차의 어떤 신분·지위에 등용될 수 있는 자격을 갖추고 있는 사람.
- **氣候(기후)** : 일정한 지방에서의 기상의 체계적인 상태.

⑨ 健　건강할　건　亻 亻 伊 伊 律 健 健

- **健康(건강)** : 몸이 튼튼하고 병이 없음.
- **健忘(건망)** : 사물을 잘 잊어버림.

⑨ 偶　짝　우　亻 亻 伊 但 偶 偶 偶

· **偶像(우상)** : 신처럼 숭배하는 물상.

· **偶然(우연)** : 뜻하지 않은 일. 뜻밖에.

⑨ 偉 위대할 위 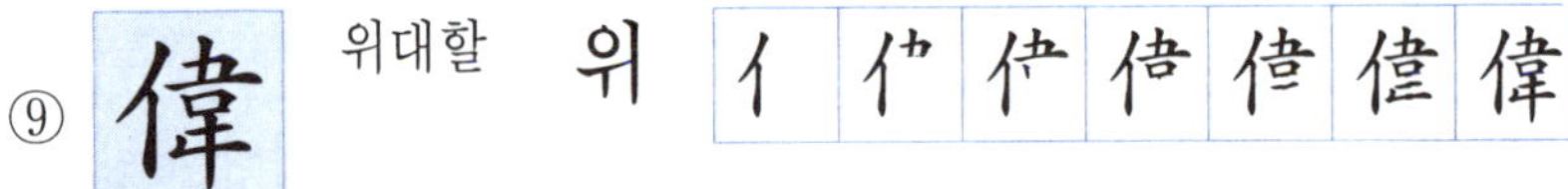

· **偉大(위대)** : 뛰어나고 훌륭함.

· **偉人(위인)** : 훌륭한 사람.

⑨ 停 머무를 정 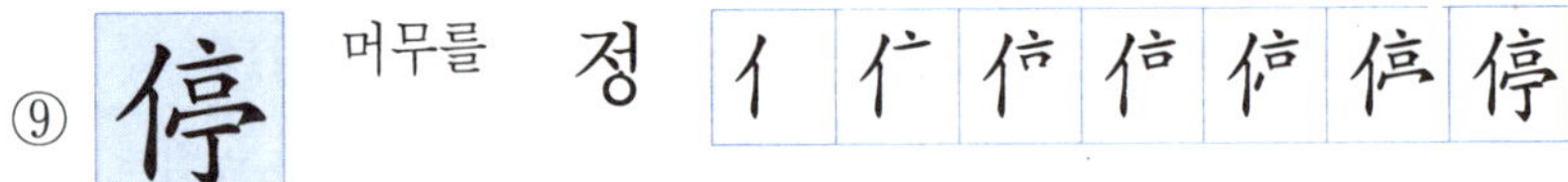

· **停戰(정전)** : 전쟁 중에 쌍방의 합의에 의해 전투를 중지함.

· **停止(정지)** : 일을 중도에서 그만둠.

⑨ 偏 치우칠 편 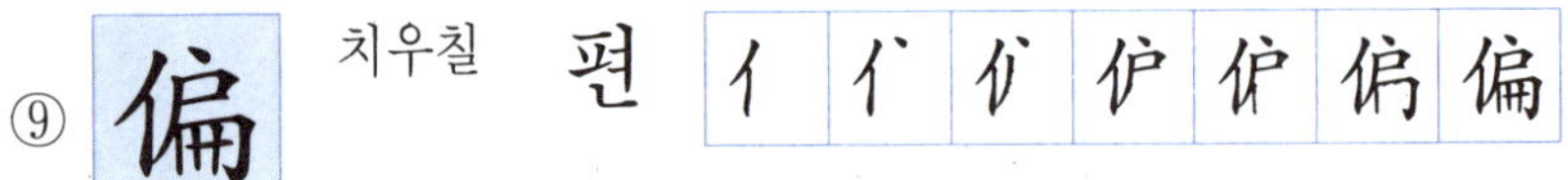

· **偏見(편견)** : 공평하지 못하고 한쪽으로 치우친 의견.

· **偏僻(편벽)** : 도회지에서 멀리 떨어진 시골.

⑩ 傑 뛰어날 걸 약 杰

· **傑作(걸작)** : 아주 잘 된 훌륭한 작품.

· **豪傑(호걸)** : 도량이 넓고 기개가 있는 사람.

⑩ 傍 곁 방

· **傍觀(방관)** : 그 일에 관계하지 않고 보고만 있음.

· **傍若無人(방약무인)** : 곁에 사람이 없음과 같다는 말로, 제멋대로 행동함.

⑩ 備 갖출 비 약 备

- **備忘錄(비망록)** : 잊지 않기 위하여 적어두는 기록.
- **準備(준비)** : 앞으로 필요한 것을 미리 마련하거나 갖춤.

⑪ 傾 기울어질 경

- **傾斜(경사)** : 비스듬히 기울어짐.
- **傾向(경향)** : (사상·행동 및 기타 현상이) 일정한 방향으로 기울어지는 일.

⑪ 傷 상할 상 약 伤

- **傷心(상심)** : 마음을 상함. 애태움.
- **傷處(상처)** : 다친 자리.

⑪ 傳 전할 전 약 伝

- **傳記(전기)** : 개인의 생애를 서술한 기록.
- **傳達(전달)** : 전하여 이르게 함.

⑪ 債 빚 채

- **債權(채권)** : 빌려준 사람이 빌린 사람에 대해서 가지는 권리.
- **債務(채무)** : 빌린 것을 갚아야 하는 의무.

⑪ 催 재촉할 최

- 催淚(**최루**) : 눈물을 흘리게 함.
- 催促(**최촉**) : 어서 빨리 할 것을 요구함.

⑫ **僑** 객지에 살 교 亻 仁 伃 俖 俖 僑 僑

- 僑胞(**교포**) : 외국에 나가 사는 동포.
- 華僑(**화교**) : 외국에 가서 사는 중국인.

⑫ **像** 형상 상 _약象 亻 伒 俖 俙 傻 像 像

- 肖像(**초상**) : 사람의 용모를 본떠서 똑같이 그린 화상.
- 現像(**현상**) : ①사진술에서 촬영한 영상을 드러나보이도록 하는 일. ②어떤 현상으로 나타나는 것. 또는 그 현상.

⑫ **僞** 거짓 위 _약偽 亻 伒 伒 伊 俖 僞 僞

- 僞善(**위선**) : 겉으로만 착한 체함.
- 僞證(**위증**) : 거짓 증거. 거짓 증언.

⑬ **價** 값 가 _약価 亻 伒 價 價 價 價 價

- 價格(**가격**) : 화폐로 나타낸 상품의 교환 가치.
- 價値(**가치**) : 인간의 정신적 욕구를 만족시켜 주는 사물에 대해서 인정된 값어치.

⑬ **儉** 검소할 검 _약倹 亻 伩 伀 伀 倫 儉 儉

- 儉素(**검소**) : 수수하고 사치하지 아니함.

• **儉約(검약)** : 검소하고 절약함.

⑬ **儀** 거동 의 | 亻 亻 亻 俤 俤 儀 儀

• **儀式(의식)** : 경사나 흉사의 예식을 갖추는 법식.
• **儀仗(의장)** : 의식에 쓰이는 무기.

⑭ **儒** 선비 유 | 亻 亻 俨 伃 傊 儒 儒

• **儒林(유림)** : 유교의 도를 닦는 학자들.
• **儒生(유생)** : 유교를 닦는 선비.

⑮ **償** 갚을 상 [약]偿 | 亻 亻 償 償 償 償 償

• **償還(상환)** : 돈이나 물품으로 대신 갚음.
• **補償(보상)** : 손해를 물어 줌.

⑮ **優** 넉넉할 우 [약]优 | 伫 佰 侽 優 優 優 優

• **優待(우대)** : 특별히 잘 대우함.
• **優雅(우아)** : 품위가 높고 아름다움.

儿部(어진사람인부)

② **元** 으뜸 **원** ｜ ー ｜ ニ ｜ テ ｜ 元 ｜ ｜ ｜

- 元旦(**원단**) : 정월 초하룻날 아침.
- 元首(**원수**) : 국가의 최고 통치권을 가진 사람. 대통령.

③ **兄** 맏 **형** ｜ ｜ ｜ 口 ｜ 口 ｜ 尸 ｜ 兄 ｜ ｜

- 兄弟(**형제**) : 형과 아우.
- 老兄(**노형**) : 동년배 사이에서 대접하여 부르는 말.

④ **光** 빛 **광** ｜ ｜ ｜ ｜ ｜ ｜ 业 ｜ 平 ｜ 光 ｜

- 光景(**광경**) : 벌어진 일의 형편이나 모양.
- 光彩(**광채**) : 눈부신 빛. 찬란한 빛.

④ **先** 먼저 **선** ｜ ′ ｜ ｜ ｜ 止 ｜ 步 ｜ 先 ｜

- 先見(**선견**) : 일이 일어나기 전에 미리 앞을 내다봄.
- 先考(**선고**) : 돌아가신 아버지. 先親(선친).

④ **充** 가득할 **충** ｜ ˋ ｜ ー ｜ 云 ｜ 云 ｜ 产 ｜ 充 ｜

- 充當(**충당**) : 모자라는 것을 채움.
- 充滿(**충만**) : 가득 참.

④ 兇 흉악할 흉 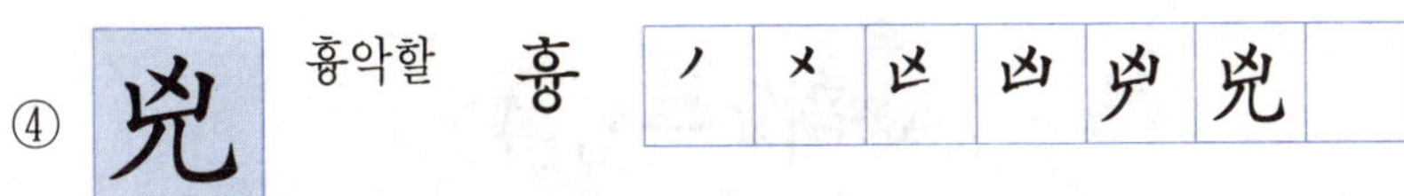

- 兇器(흉기) : 사람을 해칠 목적으로 가지고 있거나 쓰는 연장.
- 兇漢(흉한) : 흉악하고 사나운 행동을 하는 사람.

⑤ 克 이길 극 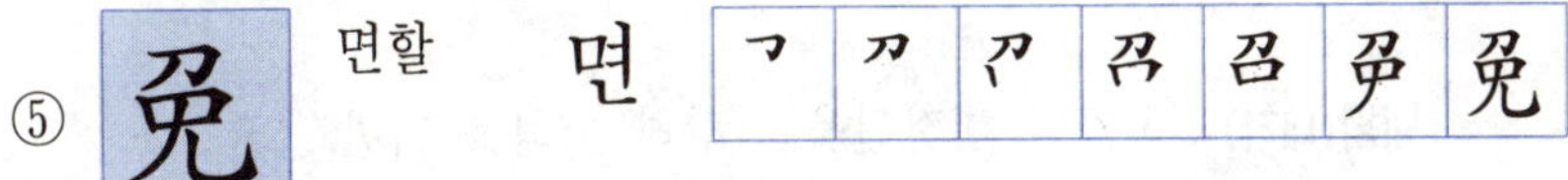

- 克己(극기) : 자기의 의지를 눌러 이김.
- 克服(극복) : 어려움을 이기어 냄.

⑤ 免 면할 면 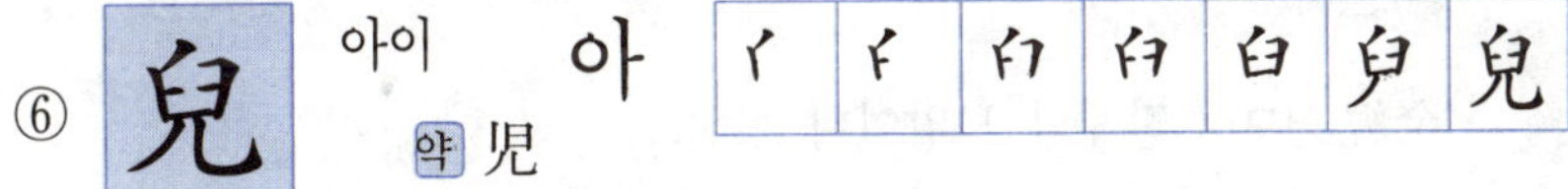

- 免疫(면역) : 어떤 질병에 잘 걸리지 않는 저항력을 가지는 일.
- 免除(면제) : 의무나 책임 따위를 면해 줌.

⑥ 兒 아이 아 (약) 児 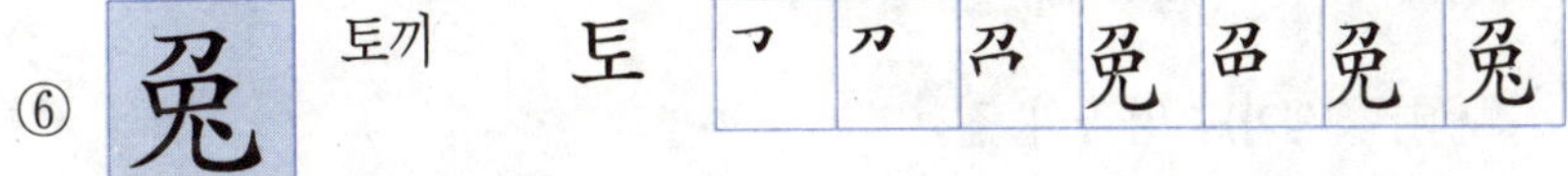

- 兒童(아동) : 어린아이.
- 健兒(건아) : 씩씩한 사나이.

⑥ 兎 토끼 토

- 兎死狐悲(토사호비) : 토끼의 죽음을 여우가 슬퍼한다는 뜻으로, 같은 무리의 불행을 슬퍼한다는 말.
- 兎脣(토순) : 찢어진 윗입술. 언청이.

入部(들입부)

① 入 들 입 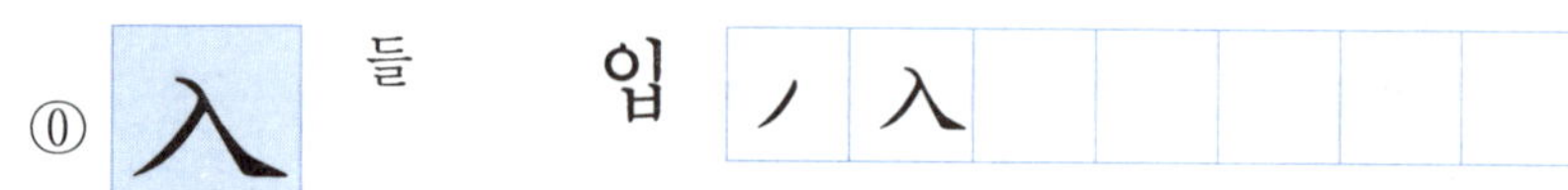

- 入閣(입각) : 내각의 일원으로 참가함.
- 入寂(입적) : 스님의 죽음. 入滅(입멸).

② 內 안 내 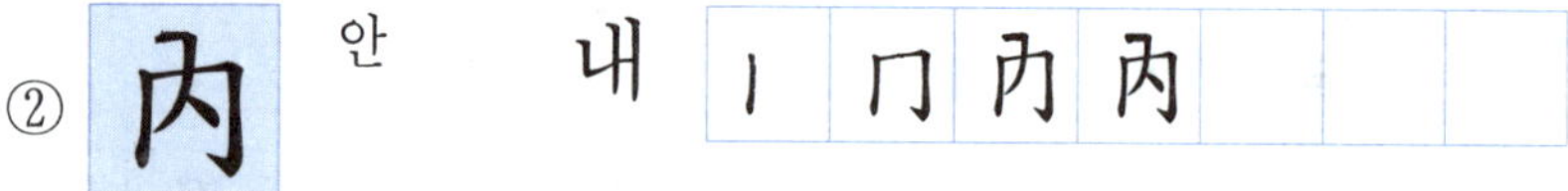

- 內閣(내각) : 국가의 행정권을 담당하는 최고 기관.
- 內紛(내분) : 내부에서 저희끼리 일으키는 분쟁.

④ 全 온전할 전 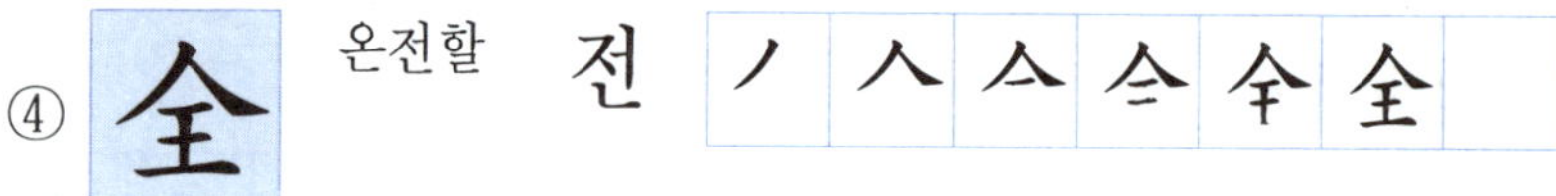

- 全貌(전모) : 전체의 모양이나 형편.
- 全盛(전성) : 형세 따위가 한창 성함.

⑥ 兩 두 량 약 両 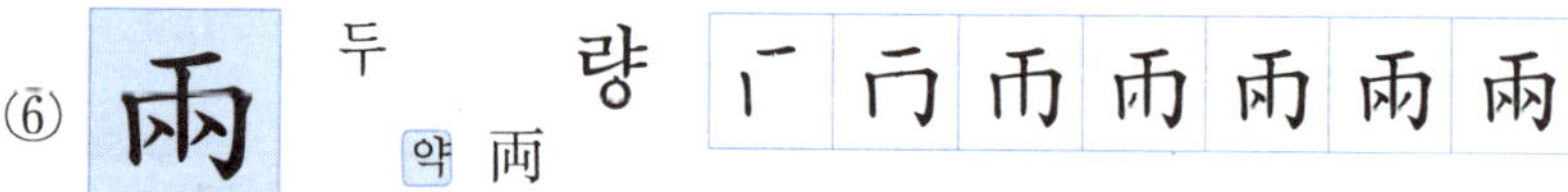

- 兩家(양가) : 양쪽의 집.
- 兩班(양반) : 조선시대 특권적 신분을 가진 사람들.

八部(여덟팔부)

⓪ 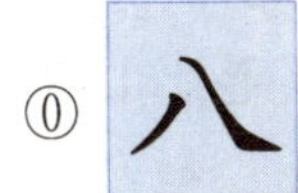 여덟 **팔** 

- 八等身(**팔등신**) : 몸의 균형이 잡힌 미인의 표준.
- 八字(**팔자**) : 사람의 출생한 연월일시의 간지(干支). 여덟 글자.

② 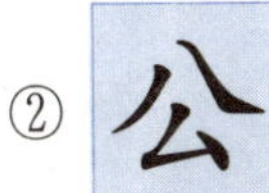 공변될 **공** 

- 公明(**공명**) : 사사로움이 없이 공정하고 명백함.
- 公職(**공직**) : 관청이나 공공 단체의 직무.

④  함께 **공** 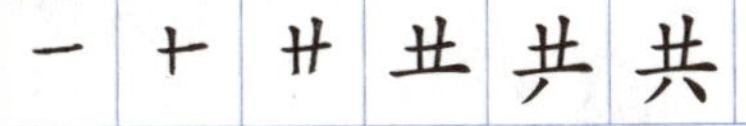

- 共感(**공감**) : 남의 의견에 대하여 자기 자신도 그러하다고 느낌.
- 共存(**공존**) : 함께 살아 나감.

⑤ 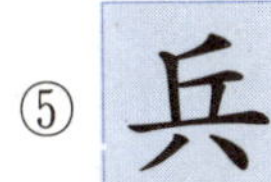 군사 **병** 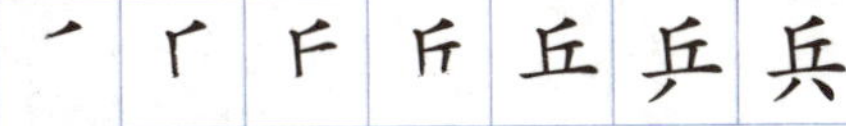

- 兵役(**병역**) : 국민의 의무로서, 군대에 복무하는 일.
- 兵卒(**병졸**) : 군사(軍士).

⑥  갖출 **구**

- 具備(**구비**) : 빠짐없이 갖춤.
- 具體(**구체**) : 형상이 나타나서 분명히 알 수 있는 것.

⑥ 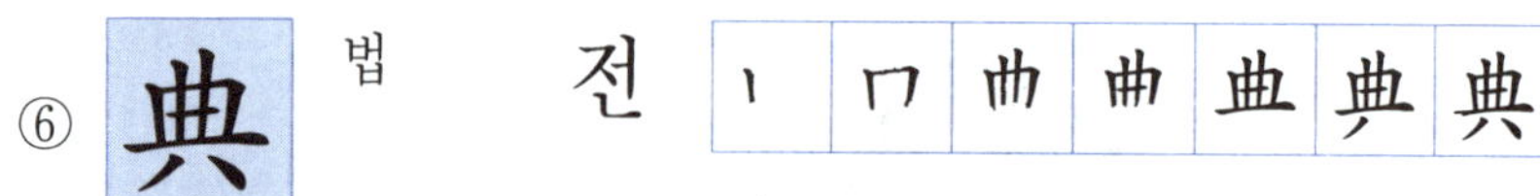

- **典當鋪(전당포)** : 물품을 담보로 하고 돈을 융통하는 점포.
- **典型(전형)** : 어떤 부류의 본질적인 특색을 나타내는 본보기. 또

  는 그 틀.

⑧ 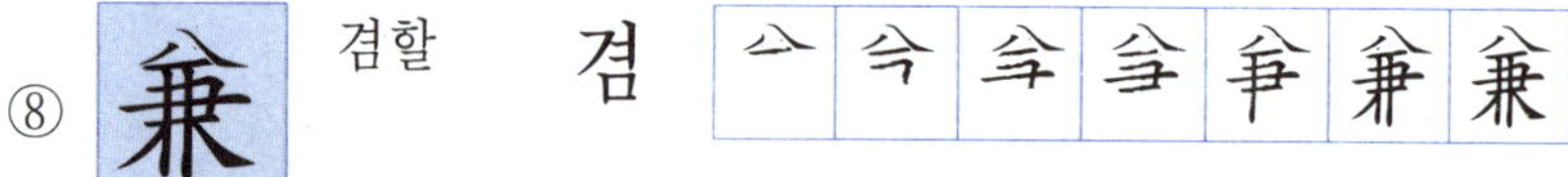

- **兼備(겸비)** : 두 가지 이상을 겸해 갖춤.
- **兼任(겸임)** : 여러 가지 직무를 겸하여 봄.

冂部(멀경몸부)

④ **再** 두 재 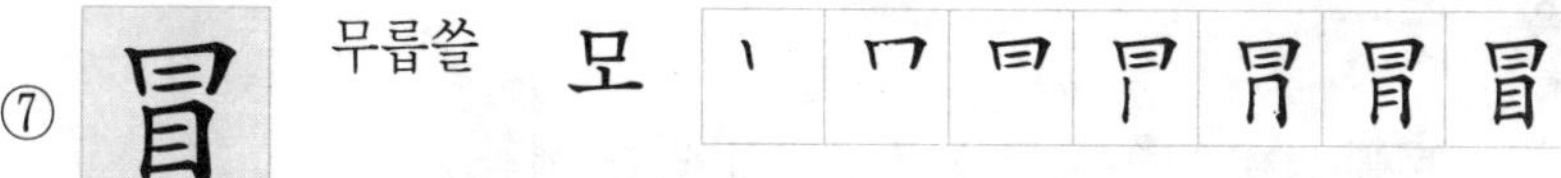

- **再建(재건)** : 무너진 것을 다시 일으켜 세움.
- **再考(재고)** : 어떤 일이나 문제 등에 대하여 다시 생각하거나 참
  고함.

⑦ **冒** 무릅쓸 모 ＼ ㄇ 曰 冐 冐 冒 冒

- **冒瀆(모독)** : 침범하여 욕되게 함.
- **冒險(모험)** : 위험을 무릅쓰고 행동함.

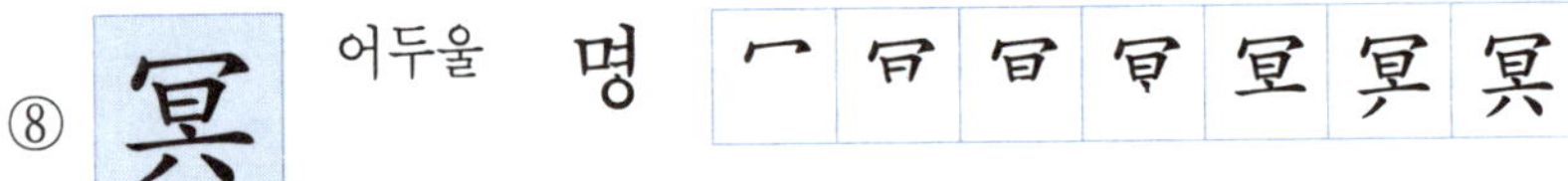

ー部(민갓머리부)

⑦ 冠   갓   관   ｀ ｀ ゛ 元 元 冠 冠

- **冠帶(관대→관디)** : 옛날 벼슬아치들의 공복(公服).
- **冠婚喪祭(관혼상제)** : 관례·혼례·상례·제례의 총칭.

⑧ 冥   어두울   명   ｀ 日 日 旦 冝 冥 冥

- **冥福(명복)** : 죽은 뒤에 저승에서 받는 행복.
- **冥想(명상)** : 고요히 눈을 감고 생각함.

冫部(이수변부)

③ 冬 겨울 동　丿 丿 夂 冬 冬

- **冬眠(동면)** : 동물이 땅 속에 숨어서 겨울을 나는 일.
- **冬至(동지)** : 24절기의 하나로, 밤이 가장 길고 낮이 짧은 날. ↔ 夏至(하지).

⑤ 冷 찰 랭　丶 冫 冫 仌 仌 冷 冷

- **冷凍(냉동)** : 인공적으로 얼게 함.
- **冷情(냉정)** : 따뜻한 정이 없이 쌀쌀함.

⑤ 冶 쇠불릴 야　丶 冫 冸 冸 冶 冶 冶

- **冶金(야금)** : 광석에서 쇠붙이를 공업적으로 골라내거나 합금을 만드는 일.
- **陶冶(도야)** : 훌륭한 품성을 갖추도록 잘 가르치고 훈련함.

⑧ 凍 얼 동　冫 冫 冱 冱 凍 凍 凍

- **凍結(동결)** : 자산·자금 등의 사용을 금지함.
- **解凍(해동)** : 얼었던 것이 녹아서 풀림.

⑧ 凌 능가할 릉　冫 冸 冸 冹 凌 凌 凌

- **凌駕(능가)** : 남과 비교하여 그것보다 넘어섬.

• **凌辱(능욕)** : 업신여겨 욕보임.

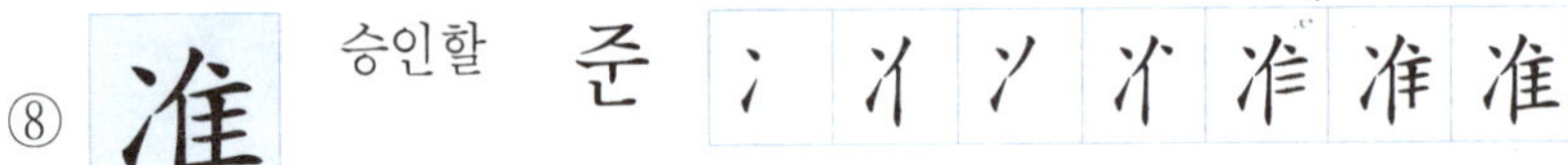

⑧ 准 　　승인할　준

• **批准(비준)** : 전권 위원이 서명 조인한 조약을 국가의 원수가 최종적으로 확인하는 행위.
• **認准(인준)** : 법률에 지정된 공무원의 임명에 대한 입법부의 승인.

⑭ 凝 　　엉길　응

• **凝結(응결)** : 한데 엉기어 뭉침.
• **凝視(응시)** : 시선을 모아 한 곳을 똑바로 눈여겨 봄.

几部(안석궤부)

① **凡** 무릇 범　／　几　凡

- **凡例(범례)** : 책 내용의 대강이나 읽을 때 주의할 사항 등을 따로 적어 일러두는 글.
- **凡事(범사)** : ① 평범한 일. ② 모든 일.

⑩ **凱** 개선할 개

- **凱歌(개가)** : 개선할 때 부르는 노래.
- **凱旋(개선)** : 싸움에 이기고 돌아옴.

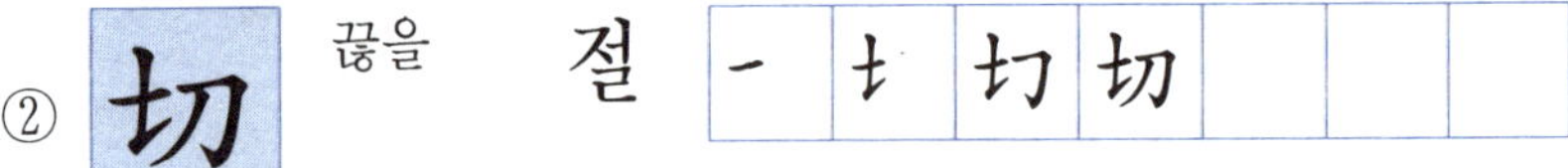

刀部(칼도부)

① **刃** 칼날 인 ㄱ 刀 刃

- **刃傷(인상)** : 칼날 따위에 다쳐 상함.
- **自刃(자인)** : 칼로 자기의 생명을 끊음.

② **分** 나눌 분 ノ 八 今 分

- **分岐點(분기점)** : 여러 갈래로 갈라지기 시작하는 곳.
- **分析(분석)** : 사물이나 현상에 대하여 그것을 구성하고 있는 개별적 요소를 갈라냄.

② **切** 끊을 절 一 𠃌 切 切

- **切開(절개)** : 칼이나 가위 따위로 떼어서 갈라놓는 것.
- **切實(절실)** : 실정에 꼭 알맞음.

⑤ **初** 처음 초 丶 ㇀ 衤 衤 衤 初

- **初步(초보)** : 첫걸음.
- **初志(초지)** : 처음에 먹은 뜻.

⑥ **券** 문서 권 丷 丷 丷 丷 券 券 券

- **旅券(여권)** : 행정 기관에서 외국 여행을 승인하는 증명서.
- **割引券(할인권)** : 할인을 증명하는 증권.

刂 部(선 칼도부)

③ **刊** 책펴낼 **간**   一 二 干 刋 刊

- **刊行(간행)** : 인쇄하여 발행함.
- **新刊(신간)** : 출판물을 새로 박아 내놓음.

④ **列** 벌일 **렬**   一 ア 歹 歹 列 列

- **列强(열강)** : 여러 강한 나라들.
- **列擧(열거)** : 실례를 여러 가지로 나열하여 말함.

④ **刑** 형벌 **형**   一 二 干 开 刑 刑

- **刑罰(형벌)** : 유죄 판결을 받은 사람에게 국가가 제재를 가하는 일.
- **刑法(형법)** : 범죄와 형벌에 대한 법.

⑤ **利** 이로울 **리**   ノ 二 千 矛 禾 利 利

- **利率(이율)** : 원금에 대한 이자의 비율.
- **利益(이익)** : 이롭고 유익한 일.

⑤ **別** 다를 **별**   丨 冂 口 叧 另 別 別

- **別居(별거)** : 한 집안 식구로서 따로 떨어져 사는 것.
- **別世(별세)** : 사람의 죽음을 높여 일컫는 말.

⑤ 判　판단할　판

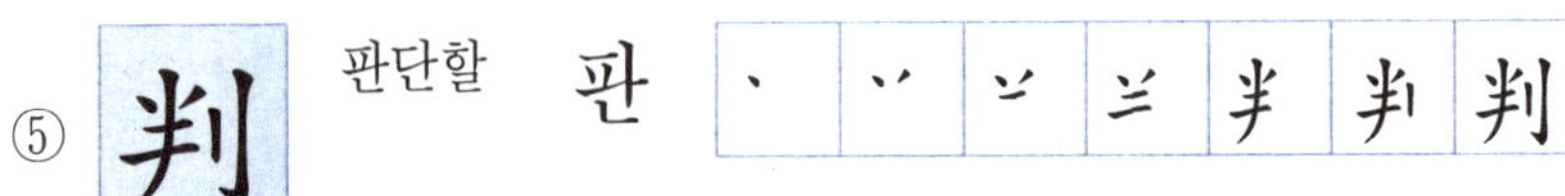

- **判決(판결)** : 시비를 판단하여 결정함.
- **判斷(판단)** : 사물에 대하여 옳고 그름을 단정함.

⑥ 刻　새길　각

- **刻苦(각고)** : 몹시 애씀.
- **刻薄(각박)** : 혹독하고 인정이 없음.

⑥ 到　이를　도

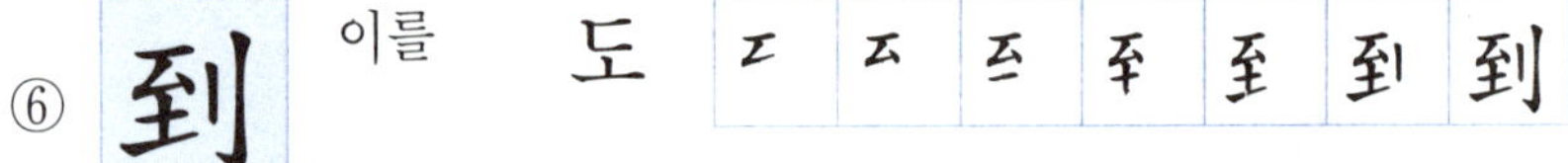

- **到着(도착)** : 목적지에 다다름.
- **到處(도처)** : 가는 곳마다.

⑥ 刷　인쇄할　쇄

- **刷新(쇄신)** : 묵은 것을 없애고 새롭게 함.
- **印刷(인쇄)** : 석판·필름 등으로 글자·그림을 판에 박는 일.

⑥ 刺　찌를　자 / 칼로 찌를　척

- **刺客(자객·척객)** : 어떤 음모에 가담하여 사람을 몰래 찔러 죽이는 사람.
- **刺戟(자극)** : 어떤 반응이나 작용을 일어나게 하는 것.

⑥ 制　억제할　제

- **制度(제도)** : 국가·사회 구조의 형태.
- **制限(제한)** : 정해 놓은 한도.

⑦ **剋** 이길 **극** 약 克

- **相剋(상극)** : 둘 사이에 마음이 서로 화합하지 못하고 항상 충돌함.
- **下剋上(하극상)** : 계급이 낮은 사람이 윗사람을 꺾고 오름.

⑦ **削** 깎을 **삭**

- **削減(삭감)** : 깎고 줄임.
- **削髮(삭발)** : 머리를 깎음.

⑦ **前** 앞 **전**

- **前科(전과)** : 이전에 형벌을 받은 일.
- **前代未聞(전대미문)** : 지금까지 들어본 일이 없는 새로운 일을 이르는 말.

⑦ **則** 법 **칙** / 곧 **즉**

- **規則(규칙)** : 사람의 행위나 사무 처리의 표준이 되는 지침.
- **法則(법칙)** : 반드시 지켜야 할 규칙.

⑦ **剎** 절 **찰**

- **剎那(찰나)** : 지극히 짧은 시간.

- 寺刹(사찰) : 절.

⑧ 剛 굳셀 강

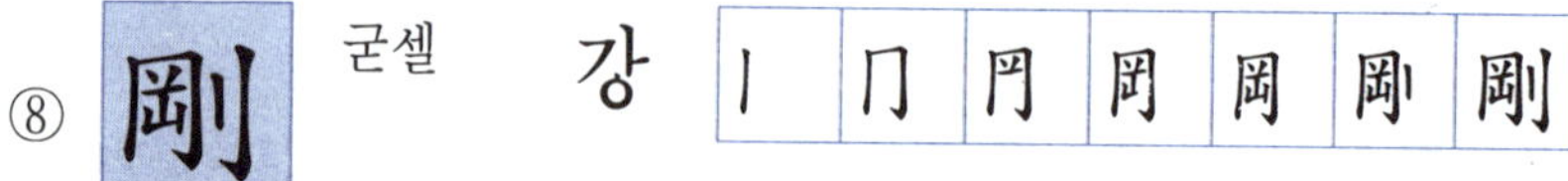

- 剛健(강건) : 마음이 곧고 뜻이 굳세며 건전함.
- 外柔內剛(외유내강) : 겉으로 보기에는 부드러우나 속은 강함.

⑨ 副 버금 부

- 副官(부관) : 각 단장·대장(隊長)에 직속하여 제반 사무를 맡은 장교.
- 副作用(부작용) : 약이 가지는 치료적 작용 이외에 생기는 다른 작용.

⑩ 剩 남을 잉 약 剩

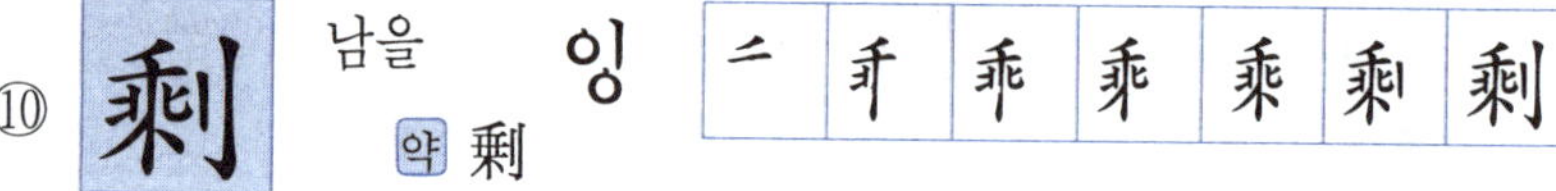

- 剩餘(잉여) : 나머지. 쓰고 난 나머지.
- 過剩(과잉) : 예정한 수량이나 필요한 분량보다 지나치게 많음.

⑩ 創 비롯할 창

- 創刊(창간) : 정기 간행물인 신문·잡지 따위가 처음 간행된 것.
- 創造(창조) : 처음으로 생각해 내어 만듦.

⑩ 割 나눌 할

- 割當(할당) : 몫을 나누어 분배함. 몫을 정함.
- 割腹自殺(할복자살) : 배를 칼로 그어 죽음.

⑫ 劃 그을 획 〔彐 聿 書 書 畵 畫 劃〕

- **劃期的(획기적)** : 새로운 시대나 기원을 이룰 만한 특출한 것.
- **區劃(구획)** : 경계를 구분해 정함. 또는 구분해 정한 구역.

⑬ 劍 칼 검 약 剣

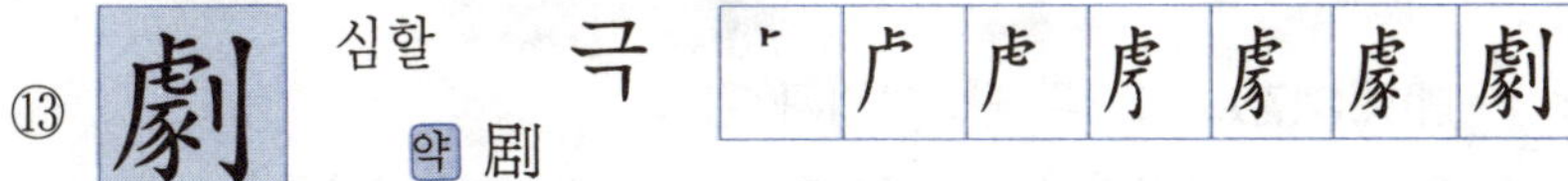

- **劍客(검객)** : 검술을 잘 하는 사람.
- **劍術(검술)** : 칼을 쓰는 수법.

⑬ 劇 심할 극 약 剧

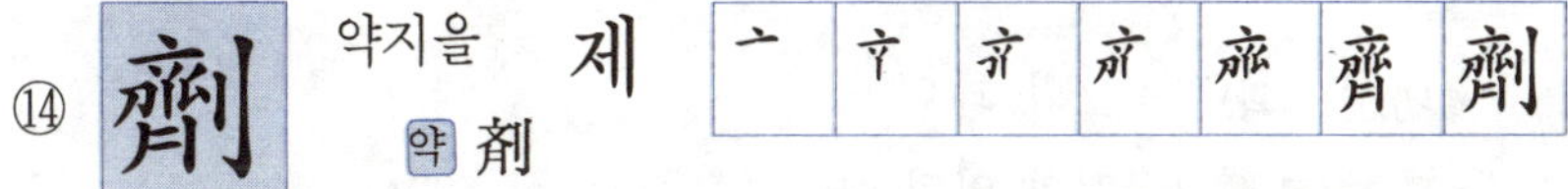

- **劇藥(극약)** : 지나치게 먹으면 생명이 위태롭거나, 기능에 장애가 오는 독한 약.
- **劇場(극장)** : 영화를 상영하거나 연극을 상연하는 곳.

⑭ 劑 약지을 제 약 剂 〔亠 亠 亣 亣 帝 齊 劑〕

- **藥劑(약제)** : 여러 가지 약재를 섞어서 지은 약.
- **調劑(조제)** : 약재를 조합하여 약을 지음.

力部(힘력부)

① **力** 힘 력 〔ㄱ 力〕

- **力說(역설)** : 극력 주장함. 다짐을 주어 말함.
- **力作(역작)** : 애써서 지음.

③ **加** 더할 가 〔ㄱ 力 加 加 加〕

- **加減(가감)** : 더함과 뺌. 가법과 감법.
- **加工(가공)** : 일정한 제품을 만들기 위하여 소재나 원료에 인공을 더함.

③ **功** 공 공 〔一 丅 工 功 功〕

- **功過(공과)** : 공로와 과오.
- **功德(공덕)** : 공적과 인덕.

④ **劣** 용렬할 렬 〔丿 小 少 劣 劣〕

- **劣等(열등)** : 등급이 떨어짐.
- **庸劣(용렬)** : 어리석고 변변하지 못함.

⑦ **勉** 힘쓸 면 〔ク 台 台 免 免 免 勉〕

- **勉學(면학)** : 학문에 힘씀.
- **勤勉(근면)** : 부지런히 힘씀.

⑦ 勇 날랠 용

- **勇敢(용감)** : 씩씩하고 기운참.
- **勇士(용사)** : 용감한 병사.

⑨ 動 움직일 동 〔약〕动

- **動機(동기)** : 어떤 사태나 행동을 일으키게 하는 계기.
- **動容(동용)** : 흔들리고 움직거림.

⑨ 務 힘쓸 무 〔약〕务

- **公務(공무)** : 여러 사람에 관한 사무.
- **事務(사무)** : 일자리에서 하는 일.

⑩ 勞 수고로울 로 〔약〕労

- **勞苦(노고)** : 힘들여 애쓰는 수고.
- **勞賃(노임)** : 품삯. 노동 임금.

⑩ 勝 이길 승

- **勝利(승리)** : 싸움이나 경기에 이김.
- **勝敗(승패)** : 승리와 패배.

⑪ 勤 부지런할 근

- **勤勞(근로)** : 부지런히 일함.

• **勤務(근무)** : 일정한 직장에 적을 두고 일함.

⑪ **勢** 가세 세
약 势

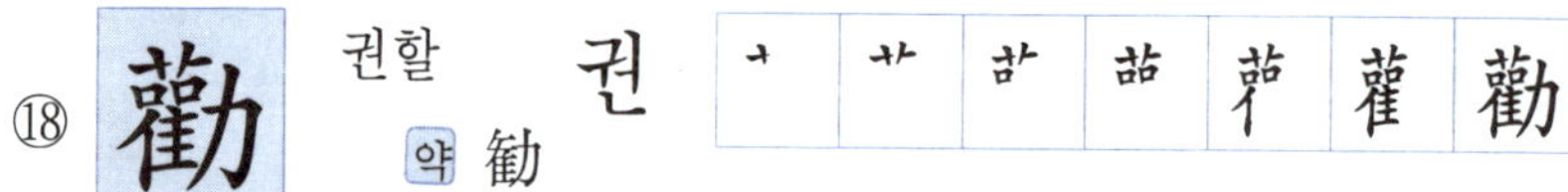

• **勢道(세도)** : 정치상의 권세.

• **勢力(세력)** : 현재 진행되는 힘이나 기세.

⑱ **勸** 권할 권
약 勧

• **勸告(권고)** : 타일러 권함.

• **勸誘(권유)** : 일을 하도록 권하거나 달램.

勹部(쌀포부)

② **勿** 말 물   丿 勹 勺 勿

- **勿驚(물경)** : '놀라지 말라'. 또는 놀랍게도.
- **勿論(물론)** : 말할 것도 없음.

③ **包** 쌀 포   丿 勹 勺 勺 包

- **包圍(포위)** : 둘레를 둘러쌈.
- **包裝(포장)** : 물건을 싸서 꾸림.

十部(열십부)

② 午   낮   오   

- 午餐(오찬) : 점심.
- 正午(정오) : 낮 열두 시.

③ 半   반   반

- 半信半疑(반신반의) : 반은 믿고 반은 의심함.
- 半月(반월) : 반달. 조각달.

⑥ 卒   군사   졸

- 卒倒(졸도) : 갑자기 정신을 잃고 쓰러짐.
- 卒業(졸업) : 학생이 규정된 교과나 학과의 과정을 마침.

⑥ 協   화할   협   약 协

- 協同(협동) : 힘과 마음을 함께 합함.
- 協奏(협주) : 두 개 이상의 악기를 동시에 연주하는 일.

卩 部(병부절부)

④ **印**　도장　인　　´ 𠂊 𠂤 𦣻 臼 印

- **印鑑(인감)** : 대조용으로 미리 행정 기관이나 은행에 등록해 두
  는 특정한 도장.
- **印刷(인쇄)** : 글이나 그림을 판(版)에 박아내는 일.

⑦ **卽**　곧　즉　（약）即　　𠂊 𠂤 𦣻 臼 皀 卽

- **卽席(즉석)** : 일이 진행되는 바로 그 자리.
- **卽興(즉흥)** : 즉석에서 일어나는 흥취.

⑩ **卿**　벼슬　경

- **卿宰(경재)** : 재상(宰相).
- **公卿(공경)** : 높은 벼슬 자리.

厂部(민엄호엄부)

② 厄 재앙 액 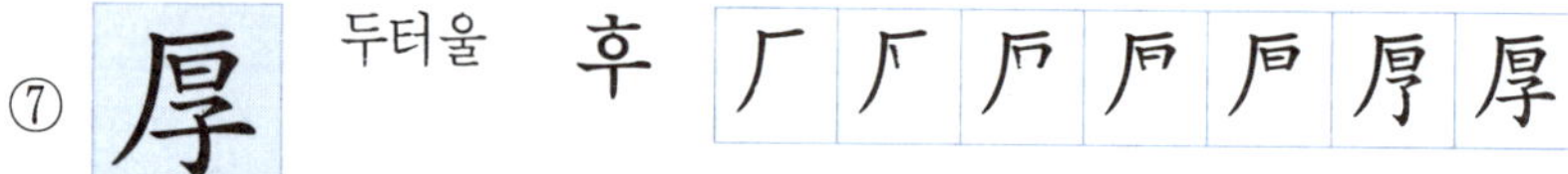

- 厄年(액년) : 운수가 모질고 사나운 해.
- 厄運(액운) : 액을 당할 운수.

⑦ 厚 두터울 후 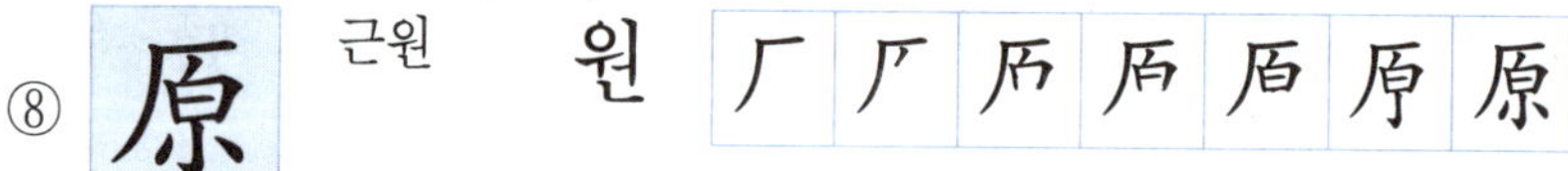

- 厚待(후대) : 후하게 대접함.
- 厚生(후생) : 사람들의 생활을 안정시키거나 윤택하게 하도록 꾀
  하는 일.

⑧ 原 근원 원 　厂　厂　厉　厉　原　原　原

- 原告(원고) : 소송을 일으킨 사람. ↔ 被告(피고).
- 原理(원리) : 사물의 바탕이 되는 이치.

又部(또우부)

① 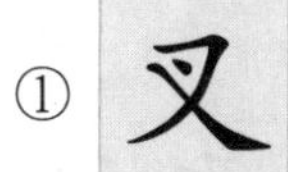 깍지낄 **차** 　ㄱ　又　叉

- **交叉路(교차로)** : 서로 엇갈린 길.
- **夜叉(야차)** : 밤에 나오는 잔인한 귀신.

②  미칠 **급** 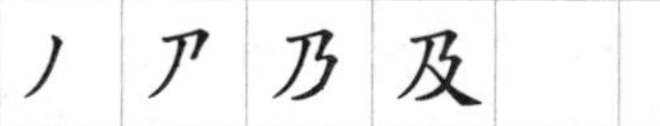

- **及第(급제)** : 시험에 합격됨. ↔ 落第(낙제).
- **普及(보급)** : 널리 퍼뜨려 실행되게 함.

② 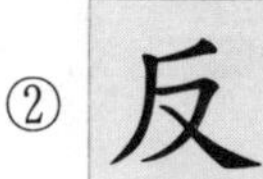 돌이킬 **반** 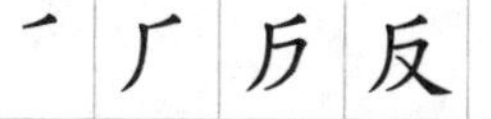

- **反對(반대)** : 사물의 방향이나 내용이 맞서서 서로 다름.
- **反應(반응)** : 자극에 대응하여 일어남. 또는 그 현상.

② 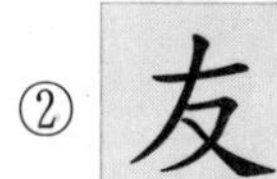 벗 **우** 　一　ナ　方　友

- **友邦(우방)** : 서로 친밀한 관계의 나라.
- **友好(우호)** : 형제나 친구의 사이가 좋음.

⑥  받을 **수**

- **受難(수난)** : 재난을 당함.
- **領受(영수)** : 돈이나 물품을 받음.

⑥ 叔   아재비 숙   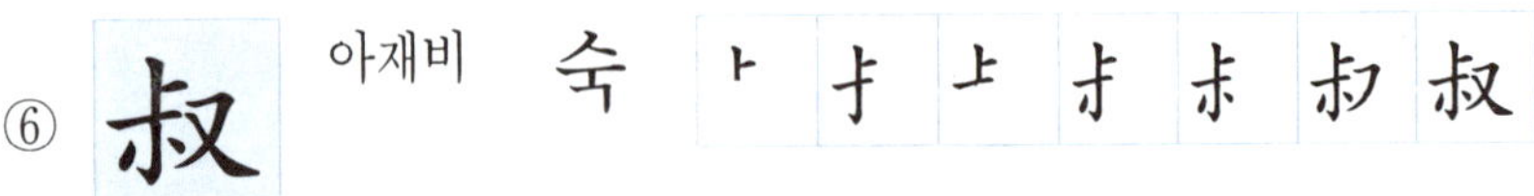

- 叔父(숙부) : 아버지의 동생.
- 叔姪(숙질) : 아저씨와 조카.

⑥ 取   취할 취   一 丁 丁 耳 耳 取 取

- 取捨選擇(취사선택) : 가질 것은 가지고 버릴 것은 버려서 골라
  잡음.
- 爭取(쟁취) : 다투어 빼앗아 가짐.

口部(입구부)

① **口** 입 구　ㅣ 口 口

- **口腔(구강)** : 입 안.
- **口辯(구변)** : 말 솜씨. 言辯(언변).

② **可** 옳을 가　一 丁 丁 可 可

- **可決(가결)** : 옳다고 결정함. ↔ 否決(부결).
- **可望(가망)** : 될 만한 희망.

② **司** 맡을 사　丁 刁 刁 司 司

- **司直(사직)** : 법관.
- **司會(사회)** : 회의나 예식을 집행함.

② **召** 부를 소　丁 刀 刀 召 召

- **召集(소집)** : 불러서 모음.
- **召喚(소환)** : 사법기관이 특정한 개인을 일정한 장소로 오도록
　　　　　　　부르는 일.

② **右** 오른쪽 우　一 ナ 大 右 右

- **右往左往(우왕좌왕)** : 이리저리 왔다갔다함. 갈팡질팡함.
- **左之右之(좌지우지)** : 제 마음대로 휘두르거나 다룸. 마음대로 처

리함.

③ 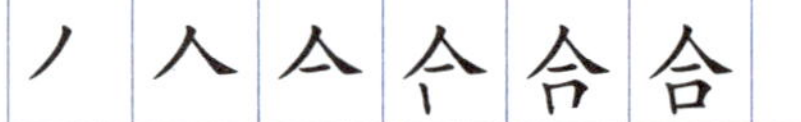吉　길할　길　一　十　士　吉　吉　吉

- **吉報(길보)** : 좋은 소식.
- **吉凶(길흉)** : 좋은 일과 언짢은 일.

③ 合　합할　합　丿　人　ᄉ　今　合　合

- **合倂(합병)** : 둘 이상의 기관을 합하여 하나로 만듦.
- **合勢(합세)** : 세력을 한데 합함.

④ 告　알릴　고　丿　ᅩ　ᄂ　生　告　告　告

- **告發(고발)** : 수사 기관에 범죄 사실을 신고하여, 기소를 구하는 행위.
- **告白(고백)** : 마음속에 생각하고 있는 것이나 감추어 둔 것을 숨김없이 말하는 것.

④ 吟　읊을　음　丨　口　口　叭　吟　吟

- **吟味(음미)** : 시를 읊어 그 맛을 봄.
- **吟風弄月(음풍농월)** : 맑은 바람과 맑은 달을 대하여 시를 짓고 즐겁게 노는 것.

④ 吸　숨들이쉴　흡　丨　口　口　叨　叨　吸

- **吸收(흡수)** : 필요한 것을 거두어서 받아들임.

• 吸煙(**흡연**) : 담배를 피움.

⑤ 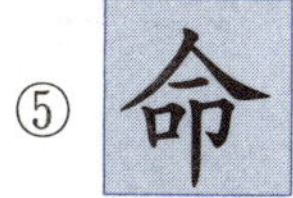 목숨 명 ｜ ノ 스 슈 슈 命 命

• 命脈(**명맥**) : 가장 요긴한 부분.
• 命中(**명중**) : 겨냥한 곳을 바로 맞춤.

⑤ 味 맛 미 ㅁ ㅁ 口 吁 咔 咔 味

• 味覺(**미각**) : 맛을 느끼는 감각.
• 妙味(**묘미**) : ① 미묘하게 좋은 맛. ② 미묘한 취미.

⑤ 周 두루 주 ｜ 刀 月 用 周 周 周

• 周旋(**주선**) : 일을 이루어내기 위하여 여러 가지 방법으로 두루
  힘씀.
• 周易(**주역**) : 유교 경전인 육경(六經)의 하나로 중국 주(周)나라
  초에 지어진 점술책.

⑤ 呼 부를 호 ㅁ ㅁ 吁 呀 呀 呼 呼

• 呼名(**호명**) : 이름을 부름.
• 呼吸(**호흡**) : 숨을 내쉼과 들이쉼.

⑤ 和 화할 화 二 千 千 禾 禾 和 和

• 和睦(**화목**) : 서로 뜻이 맞고 정다움.
• 和暢(**화창**) : 날씨나 마음씨가 부드럽고 맑음.

⑥ 哀 / 슬플 애 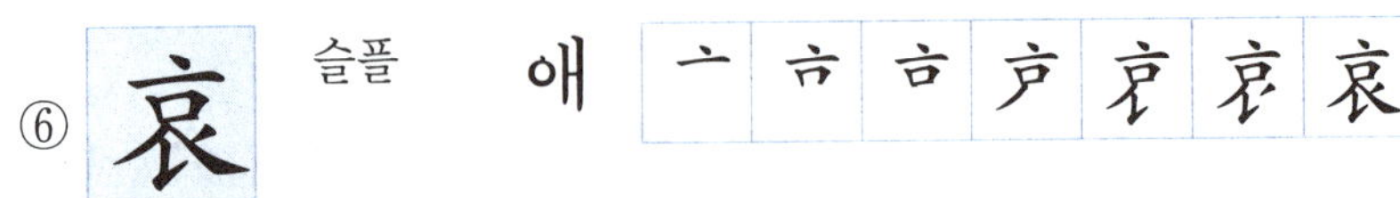

- 哀悼(애도) : 사람의 죽음을 슬퍼함.
- 哀惜(애석) : 슬프고 아깝게 여김.

⑥ 品 / 품수 품

- 品位(품위) : 일정한 물품의 질적 수준.
- 品行(품행) : 품성과 행실.

⑦ 唐 / 당나라 당

- 唐突(당돌) : 꺼리거나 어려워함이 없이 옹골차고 다부짐.
- 唐詩(당시) : 당대(唐代)의 시(詩).

⑦ 哲 / 밝을 철

- 哲人(철인) : 학식이 높고 사리에 밝은 사람.
- 明哲(명철) : 세태나 사리에 밝음.

⑧ 啓 / 열 계   약 启

- 啓蒙(계몽) : 우매한 사람을 가르치고 깨우쳐 줌.
- 啓示(계시) : ① 깨우쳐 보이는 것. ② 사람의 힘으로 알지 못할 일을 신이 알게 해 줌.

⑧ 問 / 물을 문

• 問病(문병) : 앓는 사람을 찾아보고 위로함.
• 問招(문초) : 죄인을 신문(訊問)함.

⑧ 商   장사할 상   一 亠 产 产 产 商 商

• 商街(상가) : 상점이 많이 늘어선 시가.
• 商品(상품) : 판매를 위해 유통되는 생산물.

⑨ 喫   마실 끽   口 口 吆 咩 喫 喫 喫

• 喫茶(끽다) : 차를 마심.
• 喫煙(끽연) : 담배를 피움.

⑨ 單   홑 단   口 吅 吅 吅 單 單 單
  약 单

• 單刀直入(단도직입) : 여러 말을 늘어놓지 않고 요점이나 본 문
  제를 곧바로 말함.
• 單子(단자) : 사주·후보자의 명단이나 물목을 적은 종이.

⑨ 喪   복입을 상   一 品 品 㘶 喪 喪 喪
  약 丧

• 喪家(상가) : 초상난 집.
• 喪失(상실) : 잃어버림.

⑨ 善   착할 선   丷 䒑 羊 羊 羔 善 善

• 善導(선도) : 올바른 길로 인도함.
• 善處(선처) : 적당한 방법으로 잘 처리함.

⑨ 喜 기쁠 희 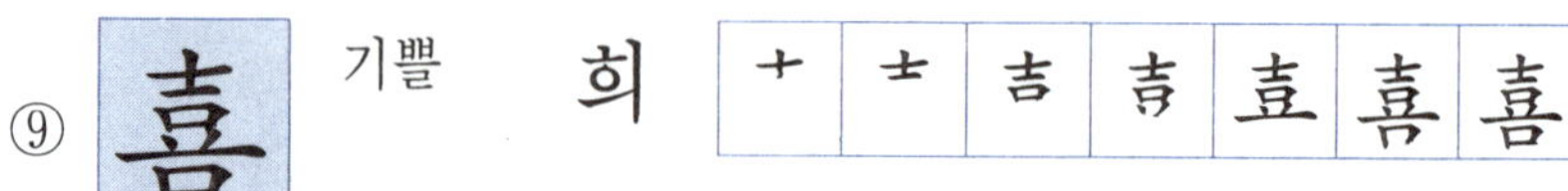

- 喜報(**희보**) : 기쁜 소식. ↔ 悲報(비보).
- 喜捨(**희사**) : 기쁘게 재물을 베풀어 줌.

⑪ 嘉 아름다울 가 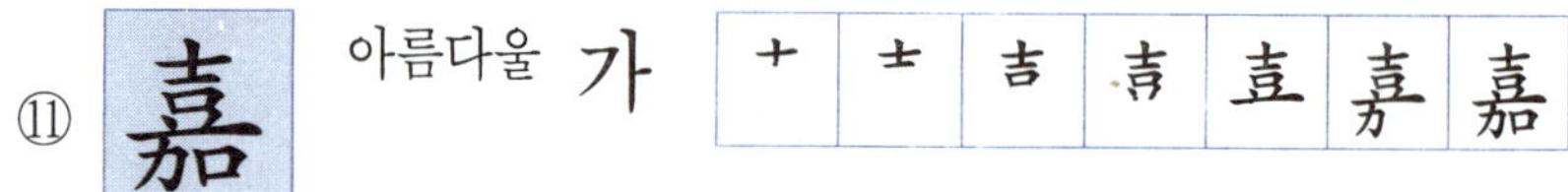

- 嘉禮(**가례**) : ① 혼례(婚禮). ② 경사스러운 예식.
- 嘉辰(**가신**) : 경사스러운 날.

⑪ 嘆 탄식할 탄 약 嘆 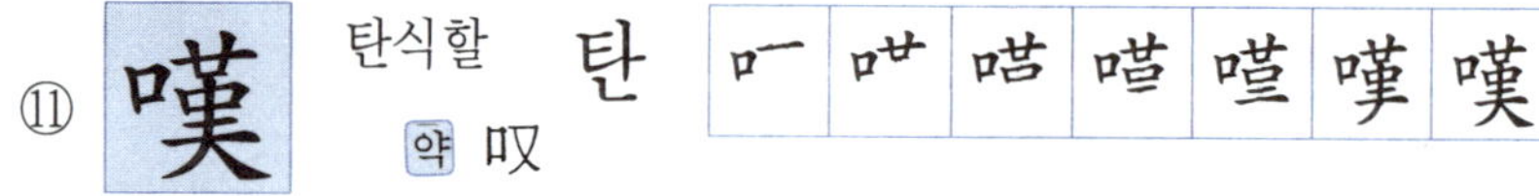

- 嘆息(**탄식**) : 한숨을 쉬며 한탄함.
- 悲嘆(**비탄**) : 슬퍼하며 탄식함.

⑬ 器 그릇 기 약 器 

- 器具(**기구**) : 세간·그릇·연장 등의 총칭.
- 大器(**대기**) : 넓은 기량(器量). 또는 그러한 인재.

⑰ 嚴 엄할 엄 약 厳 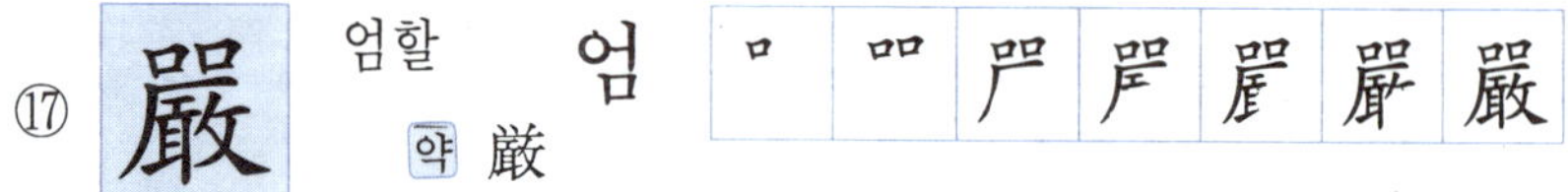

- 嚴禁(**엄금**) : 엄중하게 금지함.
- 嚴冬(**엄동**) : 혹독하게 추운 겨울.

⑲ 囊 주머니 낭 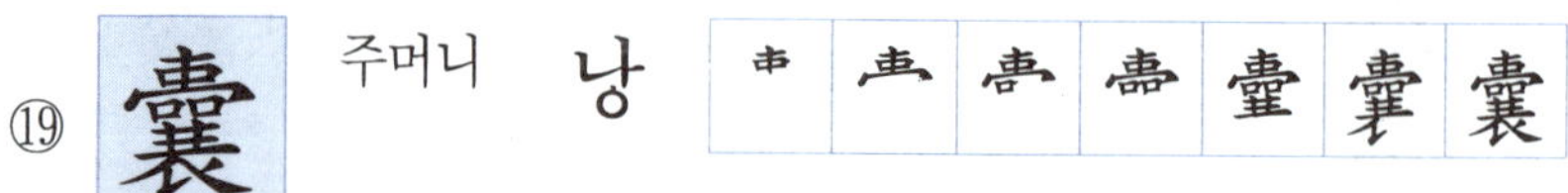

- 囊中(**낭중**) : 주머니의 안.

• **背囊(배낭)** : 물건을 담아서 등에 질 수 있도록 만든 주머니.

㉑ **囑** 부탁할 촉
약 嘱

口	叽	叽	呢	嘱	嘱	囑

• **囑望(촉망)** : 잘 되기를 바라고 기대함.
• **委囑(위촉)** : 남에게 부탁하여 맡김.

口部(큰입구몸부)

② **囚** 가둘 **수**　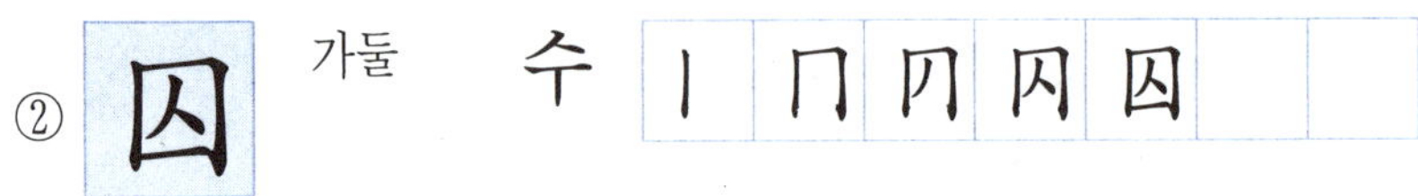

- **囚人(수인)** : 옥에 갇힌 사람.
- **罪囚(죄수)** : 옥에 갇힌 죄인.

③ **因** 인할 **인**　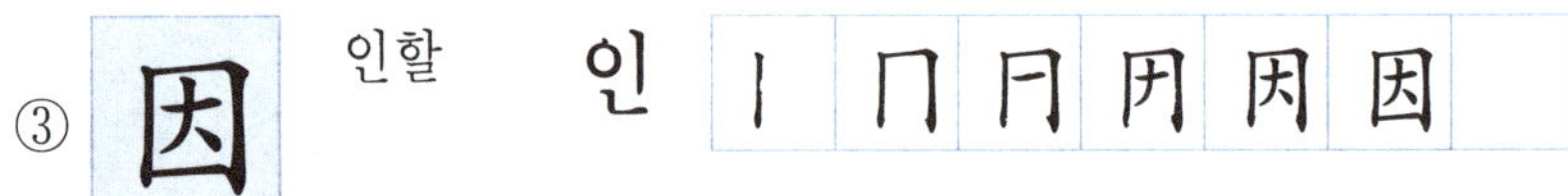

- **因果(인과)** : 원인과 결과.
- **因緣(인연)** : 서로의 연분.

③ **回** 돌아올 **회**　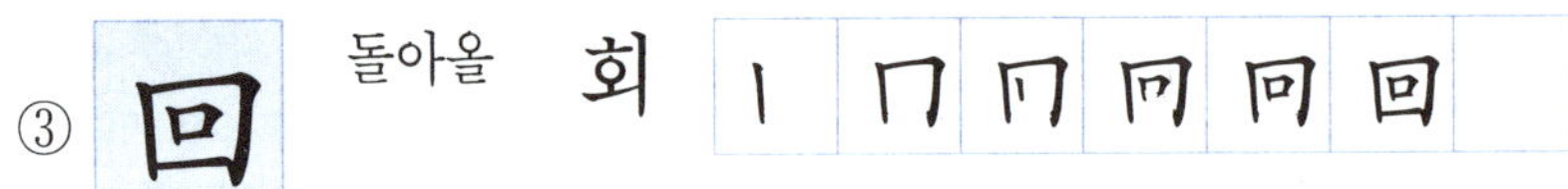

- **回顧(회고)** : 돌이켜 봄.
- **回避(회피)** : ①몸을 피하여 만나지 아니함. ②책임을 지지 아니하고 피함.

④ **困** 곤할 **곤**　

- **困窮(곤궁)** : 가난하고 곤란함.
- **困乏(곤핍)** : 고달프고 노곤함.

⑤ **固** 굳을 **고**　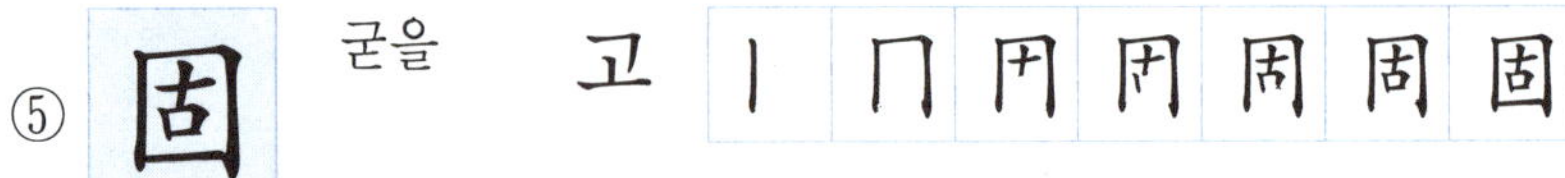

- **固守(고수)** : 굳게 지킴.
- **固有(고유)** : 어떤 물건에만 특별히 있음.

⑧ 國 나라 국 약 国

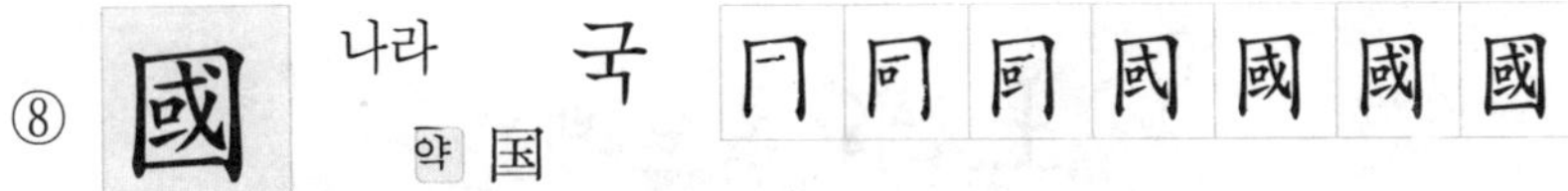

- **國是(국시)** : 국가가 내세운 정책상의 기본 방침.
- **國政(국정)** : 국가의 정치.

⑩ 圓 둥글 원 약 円

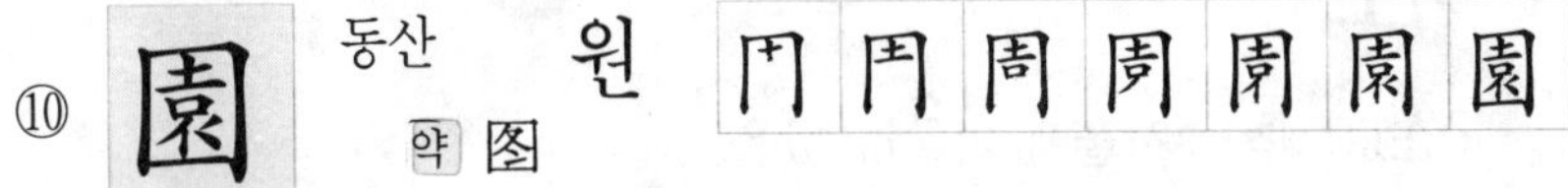

- **圓滿(원만)** : 인품이나 성격이 너그럽고 결함이 없음.
- **圓熟(원숙)** : 충분히 손에 익어 숙련됨.

⑩ 園 동산 원 약 图

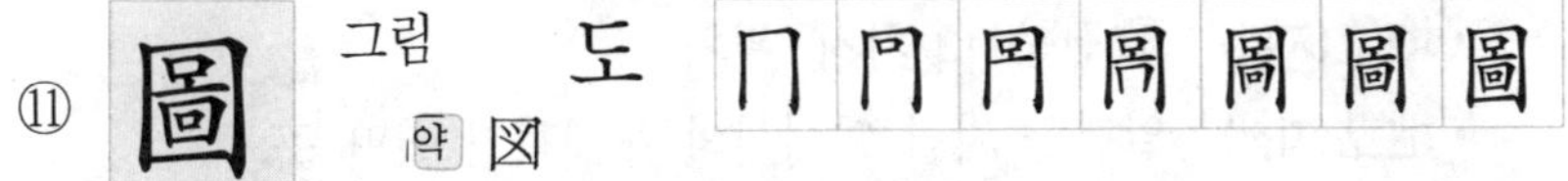

- **園藝(원예)** : 채소·화초·과목 따위를 심어 가꾸는 일.
- **公園(공원)** : 공중의 보건·휴양·오락을 위하여 베풀어 놓은 큰 동산.

⑪ 圖 그림 도 약 図

- **圖謀(도모)** : 앞으로 할 일에 대하여 수단과 방법을 꾀함.
- **圖表(도표)** : 그림으로 그리어 나타낸 표.

土部(흙토부)

⓪ **土** 흙 토　一 十 土

- **土窟(토굴)** : 땅 속으로 판 굴.
- **土着(토착)** : 대를 이어가며 그 지방에서 살고 있음.

③ **在** 있을 재　一 ナ 才 右 在

- **在京(재경)** : 서울에 머물러 있음.
- **在野(재야)** : 벼슬하지 않고 민간에 파묻혀 있음.

③ **地** 땅 지　一 十 土 圤 地 地

- **地位(지위)** : ① 신분. ② 처지. 위치.
- **地點(지점)** : 일정한 지역 안에서의 구체적인 어떤 곳.

⑤ **垂** 드리울 수　丿 二 三 垂 垂 垂 垂

- **垂範(수범)** : 착한 일로써 남의 모범이 됨.
- **垂直(수직)** : 똑바로 드리움. 또는 그 상태.

⑤ **坪** 땅평평할 평　十 土 圹 坪 坪 坪 坪

- **坪當(평당)** : 한 평에 대한 비율.
- **建坪(건평)** : 건물이 자리잡은 터의 평수.

⑦ 城 재 성 | 土 | 圤 | 圹 | 城 | 城 | 城 | 城 |

- 城郭(성곽) : 내성과 외성의 전부.
- 城下之盟(성하지맹) : 적군에게 성 밑까지 공격당하여 항복하고 맺은 가장 굴욕적인 강화(講和).

⑦ 埋 묻을 매 | 土 | 圤 | 圹 | 坦 | 坢 | 埋 | 埋 |

- 埋沒(매몰) : 파묻음. 파묻힘.
- 埋藏(매장) : 광물 같은 것이 땅 속에 묻혀 있음.

⑧ 基 터 기 | 十 | 卄 | 甘 | 其 | 其 | 基 | 基 |

- 基幹(기간) : 본바탕이 되는 줄기.
- 基礎(기초) : 건물의 무게를 받치기 위하여 만든 바닥. 토대.

⑧ 堂 집 당 | ⺌ | ⺌ | 尚 | 尚 | 堂 | 堂 | 堂 |

- 堂叔(당숙) : 오촌 아저씨.
- 堂姪(당질) : 오촌 조카.

⑧ 培 북돋을 배 | 土 | 圤 | 坊 | 垃 | 垃 | 培 | 培 |

- 培養(배양) : 식물이나 세균 등을 가꾸어 기름.
- 裁培(재배) : 식물을 심어 가꿈.

⑧ 執 잡을 집 | 土 | 岦 | 查 | 幸 | 刲 | 執 | 執 |

- **執權(집권)** : 정권을 잡음.
- **執念(집념)** : 머리에서 떠나지 않는 생각.

⑨ **報** 갚을 **보** | 土 圭 幸 회 회 報 報

- **報告(보고)** : 상부나 대중에게 일의 내용이나 결과를 말로나 글로 알림.
- **報酬(보수)** : 고맙게 해 준 데 대해 갚음.

⑩ **塗** 바를 **도** 약 涂 | 氵 氿 沴 涂 涂 涂 塗

- **塗料(도료)** : 겉에 바르는 유동성 물질.
- **塗炭(도탄)** : 생활 형편이 몹시 곤란하고 괴로운 지경을 이르는 말.

⑩ **塞** 변방 **새** / 막을 **색** | 宀 宀 宎 宩 寒 寒 塞

- **要塞(요새)** : 국방상 중요한 지점에 구축하여 놓은 견고한 군사적 방어 시설.
- **窘塞(군색)** : 살기가 구차함.

⑪ **境** 지경 **경** | 十 圵 圴 培 培 埼 境

- **境界(경계)** : 일정한 표준에 의하여 분간되는 한계.
- **境遇(경우)** : 처하고 있는 사정이나 형편.

⑪ **墓** 무덤 **묘** | 艹 艹 苩 莫 莫 墓 墓

・墓碑(묘비) : 무덤 앞에 세우는 비석.

・省墓(성묘) : 조상의 산소를 찾아가서 살피어 돌봄.

⑪ 塾 글방 숙

・私塾(사숙) : 개인이 설립한 글방.

・義塾(의숙) : 공익을 위하여 의연금(義捐金)으로 설치한 교육 기
관을 일컬음.

⑫ 墨 먹 묵 약 墨

・墨客(묵객) : 글씨를 쓰거나 그림을 그리는 사람.

・墨畫(묵화) : 먹으로 그린 동양화.

⑫ 墜 떨어질 추

・墜落(추락) : 높은 곳에서 떨어짐.

・擊墜(격추) : 비행기 등을 쏘아 떨어뜨림.

⑭ 壓 누를 압 약 圧

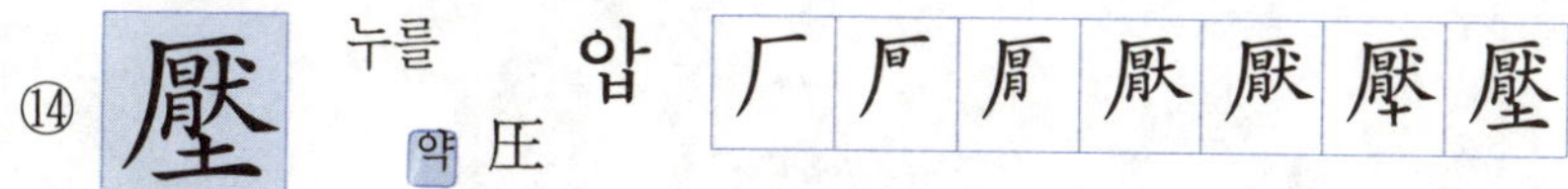

・壓倒(압도) : 상대편을 눌러 넘어뜨림.

・壓力(압력) : 외부에서 은근히 제재하는 힘.

⑯ 壞 무너질 괴 약 坏

・壞滅(괴멸) : 깨뜨려 쪼갬. 부서져 갈라짐.

・破壞(파괴) : 못 쓰게 깨뜨림.

⑰ **壤** 기름진 양 土 圵 圹 壜 壞 壞 壤

- **壤土(양토)** : 흙, 토지, 참흙.
- **天壤之判(천양지판)** : 하늘과 땅의 차이라는 뜻으로, '아주 엄청 난 차이'를 이르는 말.

士部(선비사부)

⓪ 士 　선비　사　　一 十 士

- **士氣(사기)** : 자신이 있고 무엇에도 굴하지 않는 씩씩한 기세.
- **壯士(장사)** : 육체적인 힘이 뛰어난 사람.

④ 壯 　씨씨할　장　[약] 壯　　丨 爿 爿 壯 壯 壯 壯

- **壯觀(장관)** : 굉장하여 볼 만한 풍경.
- **壯丁(장정)** : 기운이 좋고 젊은 남자.

⑪ 壽 　목숨　수　[약] 寿　　士 圭 圭 壽 壽 壽 壽

- **壽命(수명)** : ① 목숨. ② 물품이 그 사용에 견디는 시간.
- **長壽(장수)** : 목숨이 긺. 오래 삶. ↔ 短命(단명).

大部(클대부)

⓪ 大 클 대   一 ナ 大

- **大望(대망)** : 큰 희망.
- **大成(대성)** : 크게 이룸.

① 夭 일찍 죽을 요   ノ 二 千 夭

- **夭死(요사)** : 나이가 젊어서 죽음.
- **夭折(요절)** : 요사(夭死)와 같음.

① 天 하늘 천   一 二 千 天

- **天心(천심)** : 하느님의 마음. ↔ 民心(민심).
- **天然(천연)** : 자연 그대로. 타고난 그대로.

② 失 잃을 실   ノ ヒ ヒ 牛 失

- **失格(실격)** : 자격을 잃음.
- **失敗(실패)** : 일이 목적과는 반대로 헛일이 됨. ↔ 成功(성공).

⑤ 奉 받을 봉   一 三 声 夫 耒 耒 奉

- **奉仕(봉사)** : 남의 뜻을 받들어 섬김.
- **奉養(봉양)** : 집안의 어른을 받들어 모시고 섬김.

⑥ 奔 달아날 분 | ナ | 大 | 太 | 本 | 本 | 夲 | 奔 |

- **奔忙(분망)** : 매우 바쁨.
- **奔走(분주)** : 바삐 돌아다님.

⑩ 奧 ^속 오 약 奥 | 冂 | 冘 | 向 | 奧 | 奧 | 奧 | 奧 |

- **奧妙(오묘)** : 심오하고 미묘함.
- **深奧(심오)** : 이론·견해 등의 깊이가 깊고 오묘함.

⑬ 奮 떨칠 분 약 奋 | 大 | 大 | 木 | 本 | 奞 | 奮 | 奮 |

- **奮發(분발)** : 마음을 단단히 먹고 기운을 내어 일어남.
- **奮鬪(분투)** : 있는 힘을 다하여 싸움.

女部(계집녀부)

③ **妄** 망녕될 망   丶 亠 亡 芒 妄 妄

- **妄發(망발)** : 실수로 그릇되게 하는 말이나 행동.
- **妄想(망상)** : 이치에 맞지 않는 망령된 생각.

③ **如** 같을 여   乚 乚 女 如 如 如

- **如意(여의)** : 일이 뜻대로 됨.
- **缺如(결여)** : 응당 있어야 할 것이 부족하거나 없음.

③ **好** 좋을 호   乚 乚 女 好 好 好

- **好色(호색)** : 여자를 특별히 좋아함.
- **好轉(호전)** : 잘 되지 않던 일이 잘 되어 감.

⑥ **威** 위엄 위   厂 厈 反 反 威 威 威

- **威力(위력)** : 권위에 찬 힘.
- **威脅(위협)** : 으르고 협박함.

⑥ **姿** 맵시 자   冫 冫 次 次 姿 姿

- **姿勢(자세)** : 몸을 가지는 모양과 그 태도.
- **資質(자질)** : 타고난 성품과 소질.

⑥ 姪 조카 질

- **姪女**(질녀) : 조카딸.
- **姪婦**(질부) : 조카 며느리.

⑦ 娛 즐거워할 오

- **娛樂**(오락) : 즐겁게 노는 놀이.
- **娛遊**(오유) : 즐겁게 놂.

⑧ 婚 혼인할 혼

- **婚禮**(혼례) : 결혼식.
- **婚姻**(혼인) : 장가들고 시집감.

⑨ 媒 중매 매

- **媒介**(매개) : 중간에서 관계를 맺어 줌.
- **仲媒**(중매) : 양가 사이에 드나들며 혼인을 이루게 하는 일. 또는 그 사람.

⑩ 嫌 혐의할 혐

- **嫌惡**(혐오) : 싫어하고 미워함.
- **嫌疑**(혐의) : 범죄를 저지른 사실이 있으리라는 의심.

子部(아들자부)

④  효도 효 一 十 土 耂 耂 孝 孝

- **孝道(효도)** : 부모를 잘 섬기는 도리.
- **孝子(효자)** : 부모를 잘 섬기는 아들.

⑤  외로울 고 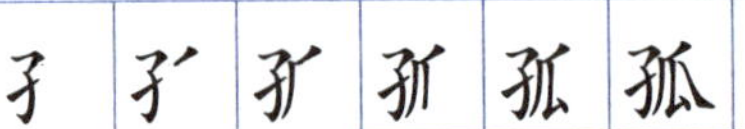

- **孤獨(고독)** : 도와주는 사람 없이 외로움.
- **孤兒(고아)** : 부모가 없는 아이.

⑤  맏 맹 

- **孟冬(맹동)** : 음력 10월의 다른 이름.
- **孟仲季(맹중계)** : 맏이와 둘째, 셋째의 형제 자매.

⑬  배울 학 (약)学

- **學歷(학력)** : 수학한 이력.
- **學閥(학벌)** : ① 출신 학교. ② 학문의 파벌.

宀部(갓머리부)

③ **守**   지킬   수 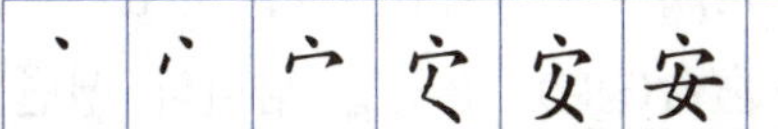

- 守備(수비) : 적의 침입으로부터 지킴.
- 守節(수절) : 과부가 재혼하지 않고 있음.

③ **安**   편안할   안 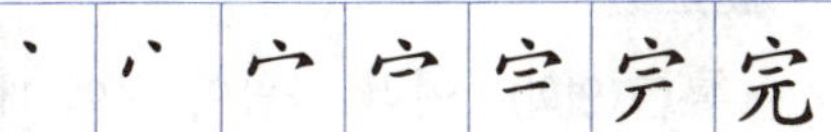

- 安否(안부) : 편안함의 여부를 묻는 인사.
- 安息(안식) : 편안하게 쉼.

④ **完**   완전할   완 

- 完璧(완벽) : 결함이 없이 완전함.
- 完快(완쾌) : 병이 완전히 나음.

⑤ **定**   정할   정 

- 定員(정원) : 일정한 규정으로 정한 인원.
- 定義(정의) : 개념의 내용을 확정해 보이는 논리적인 규정.

⑤ **宗**   마루   종

- 宗廟(종묘) : 임금의 조상을 모시는 사당(祠堂).
- 宗氏(종씨) : 같은 성으로서 촌수를 따지지 아니하는 족속에 대
  한 일컬음.

⑥ 宣 배풀 **선**

- **宣誓(선서)** : 맹세를 나타냄.
- **宣布(선포)** : 세상에 널리 알림.

⑦ 宮 집 **궁**

- **宮闕(궁궐)** : 임금이 거처하는 집.
- **宮合(궁합)** : 혼인할 남녀의 생년월일시를 오행에 맞춰 길흉을 점치는 것.

⑦ 宴 잔치 **연**

- **宴會(연회)** : 여러 사람이 모여 베푸는 잔치.
- **披露宴(피로연)** : 결혼·출생 같은 것을 일반에게 널리 알리기 위해 베푸는 잔치.

⑦ 容 얼굴 **용**

- **容貌(용모)** : 얼굴 모양.
- **容恕(용서)** : 죄나 과오에 대하여 벌을 주지 아니하고 관대하게 처리함.

⑦ 害 해칠 **해**

- **害毒(해독)** : 어떤 일을 망치거나 손해를 끼치는 요소.
- **加害(가해)** : 남에게 해를 줌. ↔ 피해(被害).

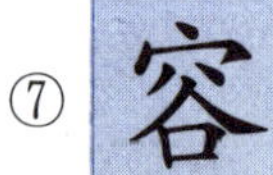

⑧ **寄** 부칠 기 

- 寄附(기부) : 공공 단체에 무상으로 금전이나 물품을 내놓음.
- 寄宿(기숙) : 남의 집에 몸을 붙여 숙식함.

⑧ **密** 빽빽할 밀 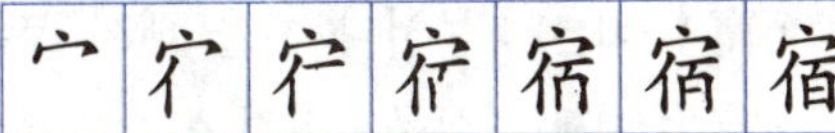

- 密輸(밀수) : 몰래 물품을 수입. 또는 수출함.
- 密會(밀회) : 비밀히 모임.

⑧ **宿** 잘 숙 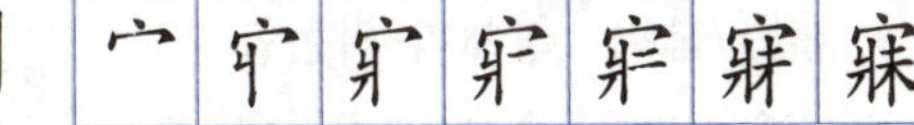

- 宿泊(숙박) : 남의 집이나 여관에서 잠.
- 宿患(숙환) : 긴 병. 오래 된 병.

⑨ **寐** 잘 매 

- 夢寐(몽매) : 잠을 자며 꿈을 꾸는 것.
- 寤寐(오매) : 깨어 있을 때나 잘 때.

⑨ **寓** 붙여살 우 

- 寓居(우거) : 정착되지 아니하고 임시적으로 거주함.
- 寓話(우화) : 다른 사물에 비유하여 교훈의 뜻을 은연중에 나타
  내는 이야기.

⑪ **實** 열매 실 약 実

• 實感(실감) : 실물을 대하는 것과 같은 느낌.

• 實費(실비) : 실지로 드는 비용.

⑫ 寬 너그러울 관 〔약〕寬

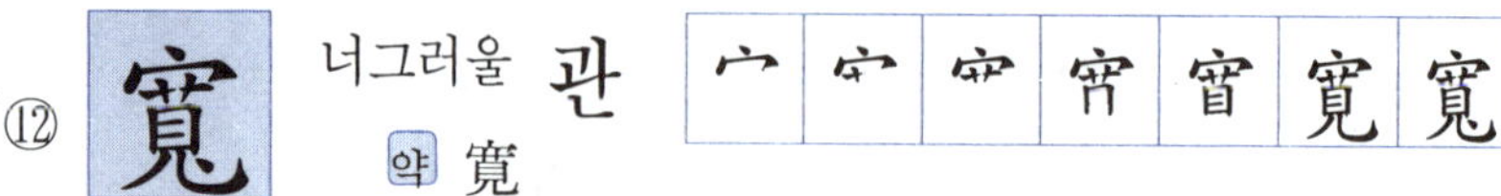

• 寬大(관대) : 마음이 너그럽고 큼.

• 寬容(관용) : 너그럽게 용서함.

⑫ 寫 베낄 사 〔약〕写

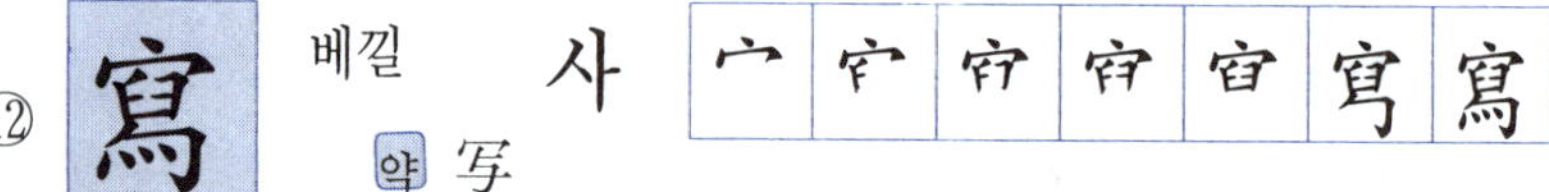

• 寫本(사본) : 문서나 책을 베껴 부본을 만듦.

• 寫生(사생) : 실물·실경을 그대로 그림.

⑫ 審 살필 심 〔약〕审

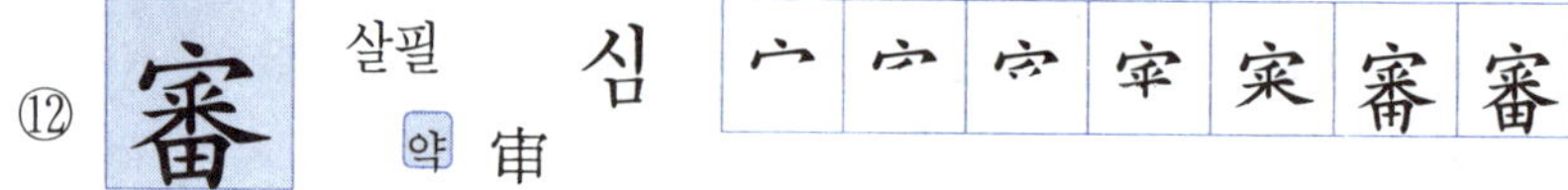

• 審議(심의) : 상세히 의논함.

• 審判(심판) : 옳고 그름이나 승부 등을 밝히어 판정함. 또는 그
런 사람.

⑰ 寶 보배 보 〔약〕宝

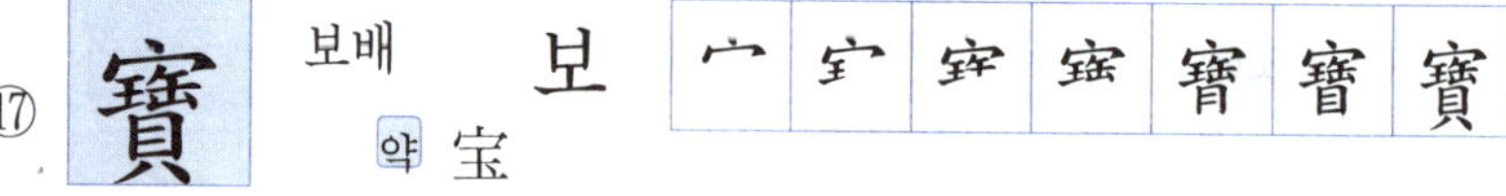

• 國寶(국보) : 국가의 보배로 지정된 물건.

• 通寶(통보) : 엽전 따위의 옛날 돈. 〔예〕常平通寶(상평통보)

寸部(마디 촌 부)

⓪ 寸　마디　촌　| 一 | 十 | 寸 | | | |

- 寸數(촌수) : 친족 사이의 멀고 가까운 관계.
- 寸志(촌지) : 조그마한 뜻.

③ 寺　절　사　| 一 | 十 | 土 | 圡 | 寺 | 寺 | |

- 寺院(사원) : 절·교회 등 종교 기관.
- 寺刹(사찰) : 절을 두루 이르는 말.

⑥ 封　봉할　봉　| 十 | 土 | 扌 | 圭 | 圭 | 封 | 封 |

- 封建(봉건) : 옛날에 임금이 제후(諸侯)에게 토지를 나눠주던 일.
- 封套(봉투) : 편지 같은 것을 써서 넣고 봉하는 종이 주머니.

⑧ 專　오로지　전　| 冂 | 百 | 申 | 叀 | 叀 | 專 | 專 |

- 專攻(전공) : 한 부문을 전문적으로 연구함.
- 專念(전념) : 한 가지 일에만 마음을 외곬로 골똘히 생각함.

⑨ 尊　높을　존　| 丷 | 䒑 | 酋 | 酋 | 酋 | 尊 | 尊 |

- 尊敬(존경) : 받들어 공경함.
- 尊銜(존함) : 상대를 높여 그 이름을 이르는 말.

⑪ 對　대답할　대　[약] 对

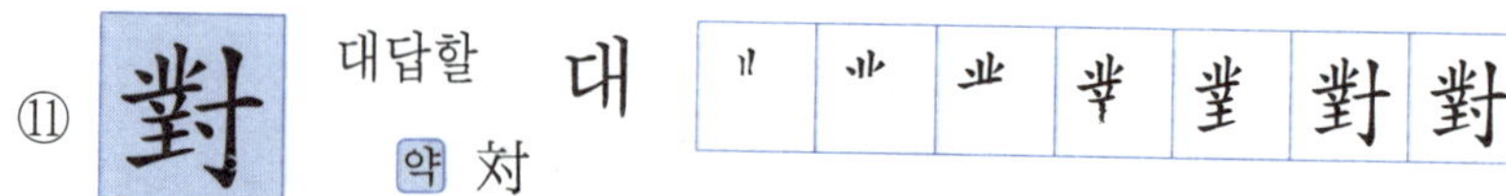

- **對決(대결)** : 양자가 맞서서 우열을 겨룸.
- **對備(대비)** : 무엇에 대응할 준비.

⑬ 導　인도할　도

- **導入(도입)** : 끌어들임.
- **導火線(도화선)** : ① 폭발물을 터뜨릴 때 불을 당기는 심지. ② 사건을 일으키는 계기.

小部(적을소부)

③ 尖　뽑족할　첨　｜ 丨 小 尐 尖 尖

- 尖端(첨단) : ① 물건의 뾰족한 끝. ② 시대의 사조(思潮)·유행
  같은 것의 맨 앞장.
- 尖銳(첨예) : 뾰족하고 날카로움.

⑤ 尚　오히려　상　｜ 丨 ⺌ 爿 肖 尚 尚

- 尙武(상무) : 무(武)를 숭상함.
- 崇尙(숭상) : 높이어 소중하게 여김.

尸部(주검시부)

① 尺 자 척 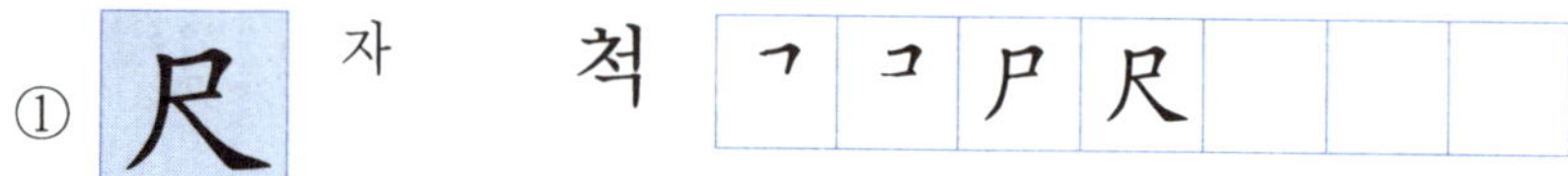

- 尺度(**척도**) : 계량이나 평가의 기준.
- 咫尺(**지척**) : 아주 가까운 거리.

④ 局 판 국 

- 局長(**국장**) : 국(局)의 책임자.
- 局限(**국한**) : 어느 한 부분에 한정함.

④ 尾 꼬리 미 

- 尾行(**미행**) : 몰래 남의 뒤를 밟음.
- 末尾(**말미**) : 책이나 문서의 끝부분.

⑦ 展 펼 전

- 展望(**전망**) : 앞날을 내다봄.
- 展示(**전시**) : 여러 가지를 벌여놓고 보임.

⑫ 履 신 리

- 履歷(**이력**) : 지금까지의 학업·직업의 경력.
- 履行(**이행**) : 실행함.

山部(메산부)

⑤ 岸 언덕 안 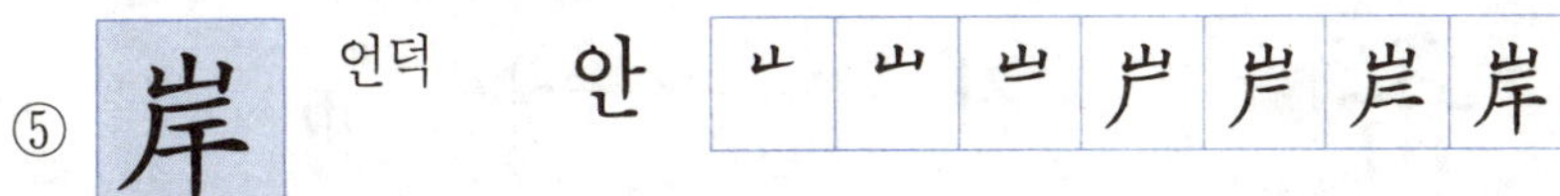

- 對岸(대안) : 강·호수 등의 건너편 기슭.
- 海岸(해안) : 바닷가.

⑦ 島 섬 도 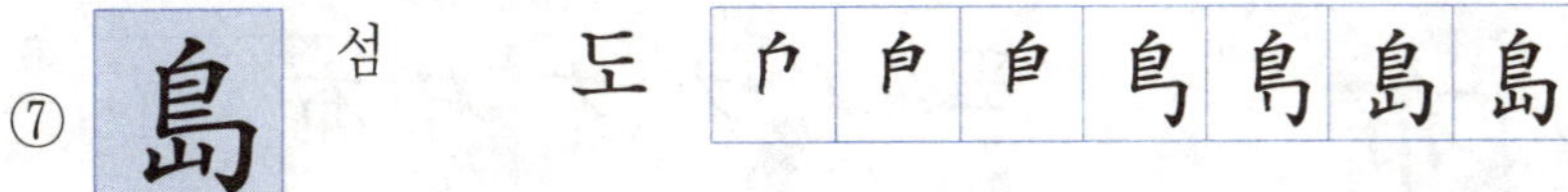

- 孤島(고도) : 외딴 섬.
- 半島(반도) : 삼면이 바다에 둘러싸인 육지.

⑧ 崩 산 무너질 붕 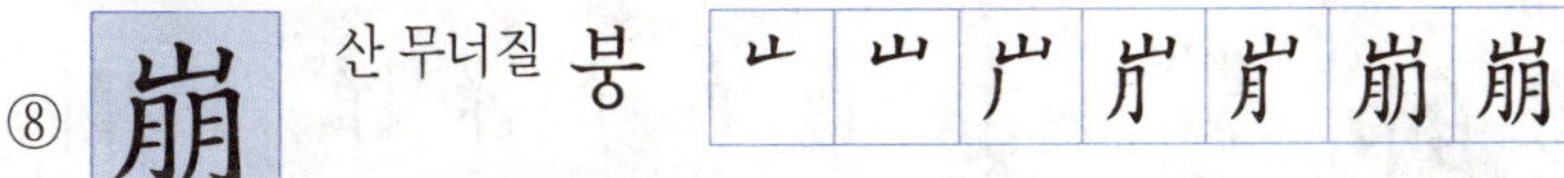

- 崩壞(붕괴) : 무너짐.
- 崩御(붕어) : 황제의 죽음.

巾部(수건건부)

② 市 저자 시 `｀ 一 亠 产 市

- 市價(시가) : 시장에서 매매되는 상품의 값.
- 市街(시가) : 도시의 큰 길거리.

② 布 베 포 ノ ナ ナ 右 布

- 布告(포고) : 국가의 결정적인 의사를 공식으로 일반에게 알림.
- 公布(공포) : 일반에게 널리 알림.

⑥ 帥 장수 수 / 거느릴 솔 亻 亻 𠂤 𠂤 𠂤 帥 帥

- 元帥(원수) : 군인의 가장 높은 계급.
- 統帥(통수) : 통솔(統率).

⑦ 師 스승 사 亻 亻 𠂤 𠂤 𠂤 師 師

- 師範(사범) : ① 모범. ② 스승.
- 師表(사표) : 학식과 인격이 높아 남의 모범이 될 만한 사람.

⑦ 席 자리 석 亠 广 广 庐 庐 席 席

- 席卷(석권) : 자리를 둘둘 말 듯이 영토를 남김없이 빼앗음.
- 席次(석차) : 성적 순서.

⑧ 常 떳떳할 상 | ⺌ | ⺍ | 尚 | 常 | 常 | 常

• 常情(상정) : 누구나 가지고 있는 보통의 인정.
• 常套(상투) : 늘 하는 버릇.

⑪ 幕 휘장 막   艹 | 苎 | 苜 | 莫 | 莫 | 幕 | 幕

• 幕舍(막사) : 임시로 간단하게 지은 집.
• 幕後(막후) : ① 막의 뒤. ② 배후.

⑫ 幣 폐백 폐 | ⺌ | 广 | 肖 | 㡀 | 敝 | 幣 | 幣

• 幣物(폐물) : 선사하는 물건.
• 幣帛(폐백) : 혼인 때 신랑이 신부에게 주는 예물.

干部(방패간부)

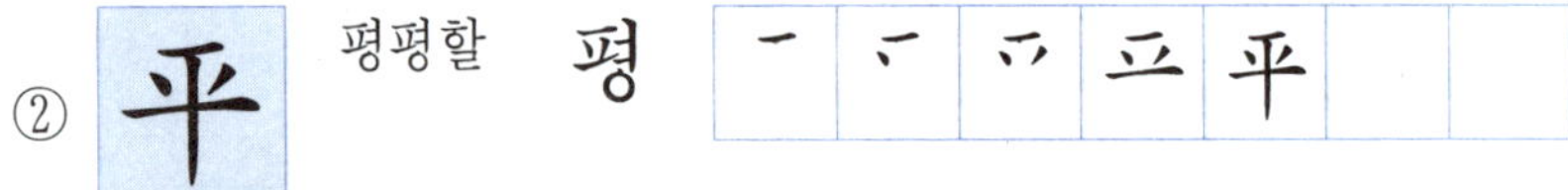

① 干 방패 간   一 二 干

- 干戈(**간과**) : ① 창과 방패. ② 무기.
- 干涉(**간섭**) : 남의 일에 참견함.

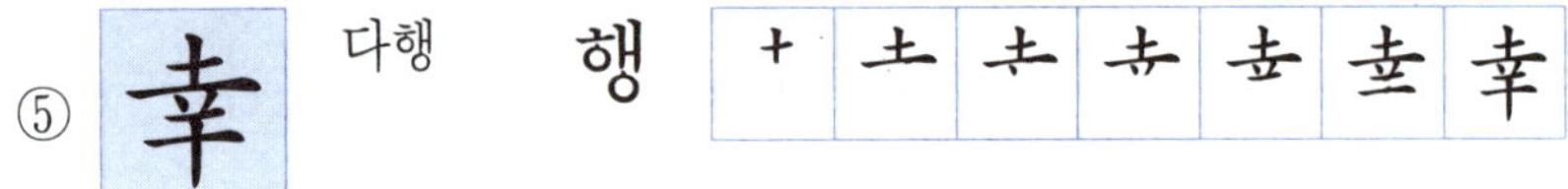

② 平 평평할 평   一 丷 广 亚 平

- 平日(**평일**) : 특별한 일이 없는 보통 때.
- 平和(**평화**) : 전쟁이 없이 세상이 잘 다스려짐.

⑤ 幸 다행 행   十 土 圥 寺 幸 幸 幸

- 幸運(**행운**) : 행복한 운수. 좋은 운수.
- 幸福(**행복**) : 만족을 느끼는 정신 상태.

幺部(작을요부)

① 幻 허깨비 환   ㄥ ㄠ ㄠ 幻

- 幻滅(환멸) : 희망이 어그러졌을 때에 느끼는 허무하고 속절없는 심정.
- 幻惑(환혹) : 사람의 눈을 어리게 하고 정신을 어지럽게 함.

② 幼 어릴 유   ㄥ ㄠ ㄠ 幻 幼

- 幼年(유년) : 나이가 어림.
- 幼稚(유치) : 정도가 낮음. 미숙함.

⑥ 幽 그윽할 유

- 幽靈(유령) : 죽은 사람의 혼령.
- 幽閉(유폐) : 깊숙이 가두어 둠.

⑨ 幾 몇 기 약 几

- 幾日(기일) : 며칠.
- 幾何(기하) : ① 얼마. ② 수학의 한 분과.

广部(엄호부)

④ 床 평상 상   ` ﹁ 广 尸 斤 床 床

- **起床(기상)** : 잠자리에서 일어남.
- **病床(병상)** : 앓아누워 있는 자리. 病席(병석).

④ 序 차례 서   ` ﹁ 广 尸 庐 庐 序

- **序論(서론)** : 머리말.
- **序列(서열)** : ① 차례로 늘어놓음. ② 차례.

⑤ 底 밑 저   ﹁ 广 尸 庐 庐 底 底

- **底力(저력)** : 듬직하게 버티어 내는 든든한 힘.
- **徹底(철저)** : 속속들이 투철하여 부족함이나 빈틈이 없음.

⑤ 店 가게 점   ﹁ 广 庁 斤 庄 店 店

- **店鋪(점포)** : 가게. 상점.
- **露店(노점)** : 한데에 벌여놓은 가게.

⑦ 庫 곳집 고   ﹁ 广 广 庐 庐 直 庫

- **金庫(금고)** : 돈이나 그밖의 귀중품을 넣어두는 쇠로 만든 궤.
- **文庫(문고)** : 책을 넣어두는 곳.

⑦ 座 자리 좌 — 广 庐 庄 应 座 座

· 左右銘(좌우명) : 늘 자리 옆에 갖추어 두고 반성의 재료로 삼는
  격언.
· 座標(좌표) : 지향하는 지점이나 목표.

⑧ 庶 여러 서 — 广 庐 庄 庶 庶 庶

· 庶民(서민) : 일반 사람들.
· 庶派(서파) : 서자의 자손.

⑧ 庸 떳떳할 용 广 — 庐 户 庸 庸 庸

· 庸劣(용렬) : 어리석고 변변치 못함.
· 登庸(등용) : 인재를 골라 뽑아서 씀.

⑩ 廉 청렴할 렴 广 庐 庄 庶 庶 庶 廉

· 廉價(염가) : 싼 값.
· 淸廉(청렴) : 고결하고 물욕이 없음.

⑫ 廢 폐할 폐 广 庐 庶 庶 廖 廢 廢
   약 廃

· 廢刊(폐간) : 신문이나 잡지 따위의 간행을 그만둠.
· 廢棄(폐기) : 버리고 쓰지 아니함.

廴 部(민책받침부)

④ **延** 끌 연 　ノ　イ　 仁　 疋　 延　 延

- **延期(연기)** : 정한 기한을 물림.
- **延長(연장)** : 길게 늘임.

⑥ **建** 세울 건 　フ　ョ　 ヨ　 肀　 聿　 建　 建

- **建物(건물)** : 집·창고 따위의 건축물.
- **建設(건설)** : 건물을 짓거나 시설들을 이룩함.

⑥ **廻** 돌 회   〔약〕 回 　冂　 冋　 冋　 回　 𢌞　 廻　 廻

- **廻轉(회전)** : 빙빙 돎.
- **廻避(회피)** : 만나거나 책임지는 것을 피함.

弓部(활궁부)

⓪ **弓**　활　　궁　　｜ㄱ｜ㄱ｜弓｜　｜　｜　｜

- 弓術(**궁술**) : 활 쏘는 기술.
- 弓矢(**궁시**) : 활과 화살.

① **引**　끌　　인　　｜ㄱ｜ㄱ｜弓｜引｜　｜　｜

- 引責(**인책**) : 책임을 스스로 짐.
- 引退(**인퇴**) : 벼슬 자리에서 물러남.

① **弔**　조상할　조　　｜ㄱ｜ㄱ｜弓｜弔｜　｜　｜

- 弔意(**조의**) : 죽은 이를 슬퍼하여 위로하는 마음.
- 慶弔(**경조**) : 경사를 축하하고 흉사를 조문(弔問)함.

② **弘**　넓을　홍　　｜ㄱ｜ㄱ｜弓｜弘｜弘｜　｜

- 弘報(**홍보**) : 널리 알림. 또는 그 보도.
- 弘益人間(**홍익인간**) : 널리 이롭게 하는 사람.

⑦ **弱**　약할　약　　｜ㄱ｜弓｜弓｜弓｜弱｜弱｜

- 弱冠(**약관**) : 이십 세의 남자. 또는 그 나이.
- 弱點(**약점**) : 모자라서 남에게 뒤떨어지는 점.

⑧ 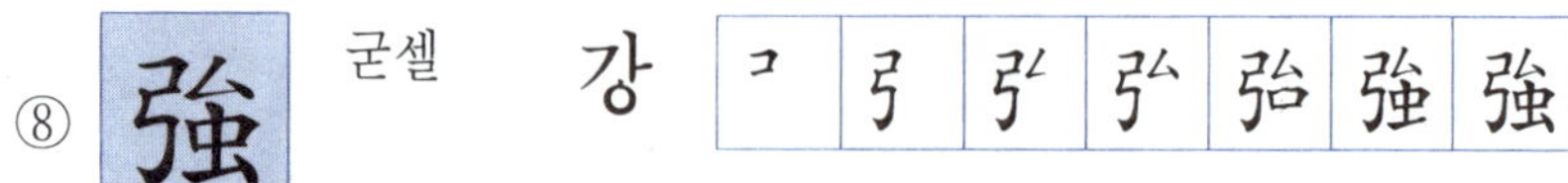

强 굳셀 강

- **强要(강요)** : 억지로, 또는 강제로 요구함.
- **强奪(강탈)** : 억지로 빼앗음. 폭력을 써서 빼앗음.

⑧ 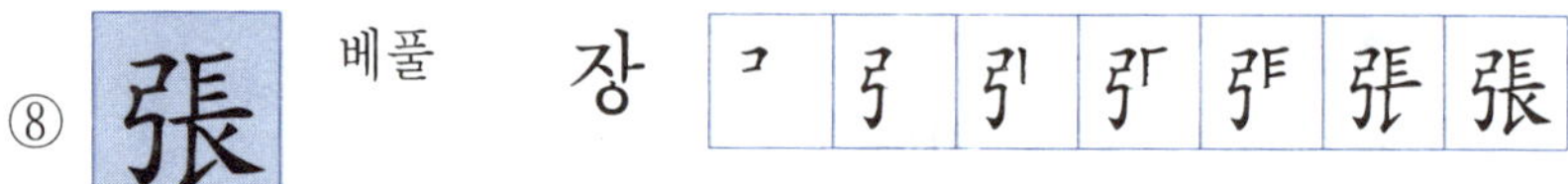

張 베풀 장

- **誇張(과장)** : 실제보다 과장되게 떠벌임.
- **緊張(긴장)** : 마음을 단단히 하여 정신을 차림.

⑫ 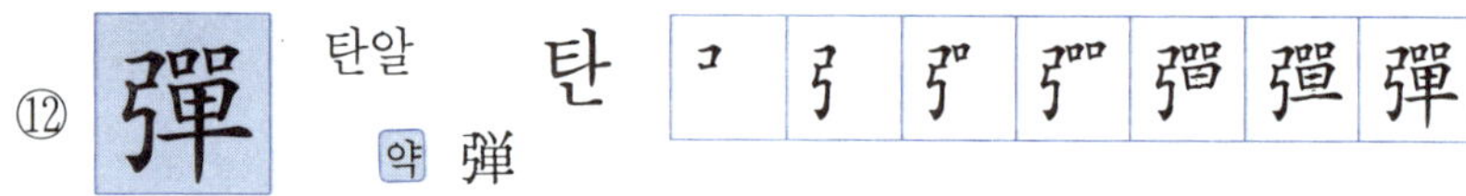

彈 탄알 탄
약 弾

- **彈壓(탄압)** : 권력으로 억지로 누름.
- **彈劾(탄핵)** : 죄상을 조사하여 문책함.

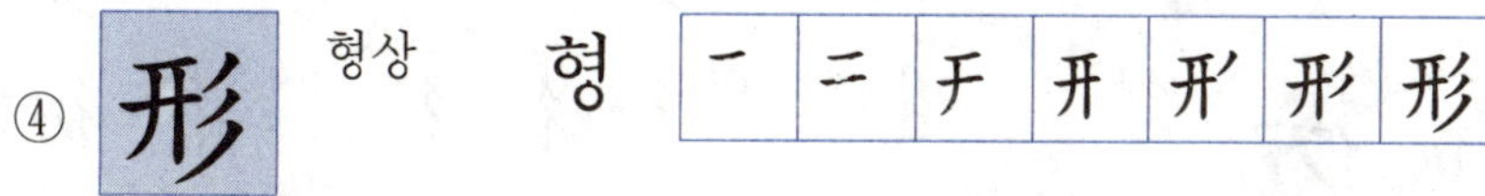

彡部(터럭삼·삐친석삼부)

④ 形   형상   형   一 二 于 开 开 形 形

- 形式(형식) : ① 겉모습. ② 격식·범식.
- 形便(형편) : 일이 되어 가는 모양.

⑧ 彩   채색   채   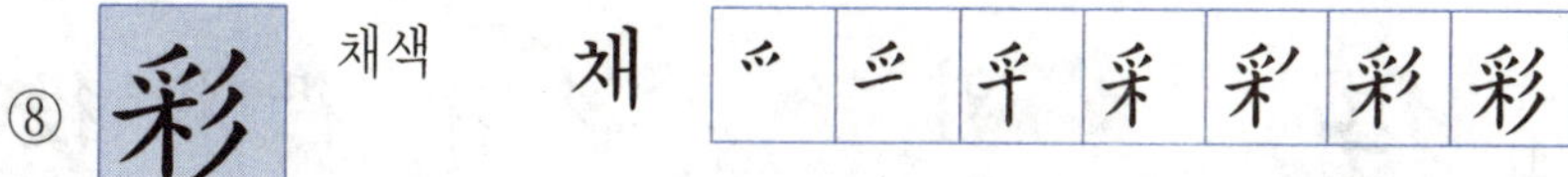

- 彩色(채색) : 그림 같은 데에 색을 칠함.
- 光彩(광채) : 눈부신 빛.

⑫ 影   그림자   영   日 昮 昮 暠 景 景 影

- 影像(영상) : 족자에 그린 초상(肖像).
- 撮影(촬영) : 사진을 찍음.

彳部 (두인변부)

④ **彷** 거닐 **방** ノ ノ 彳 彳 彷 彷 彷

- **彷佛(방불)** : ① 거의 비슷함. ② 그럴 듯이 어울리게 비슷.
- **彷徨(방황)** : 이리저리 헤매어 돌아다님.

④ **役** 부릴 **역** ノ ノ 彳 彳 役 役 役

- **役員(역원)** : 어떤 행사에서 임시적으로 그 일을 맡은 사람.
- **役割(역할)** : 소임(所任). 구실.

⑤ **往** 갈 **왕** ノ 彳 彳 彳 往 往 往

- **往復(왕복)** : 갔다가 돌아옴.
- **往往(왕왕)** : 이따금. 때때로.

⑥ **待** 기다릴 **대** ノ 彳 彳 待 待 待 待

- **待機(대기)** : 기회가 오기를 기다림.
- **待遇(대우)** : 예의를 갖추어 대함.

⑥ **律** 법 **률** ノ 彳 律 律 律 律 律

- **律動(율동)** : 규칙적인 운동.
- **自律(자율)** : 자기의 행동을 스스로 절제함.

⑧ 得　얻을　득　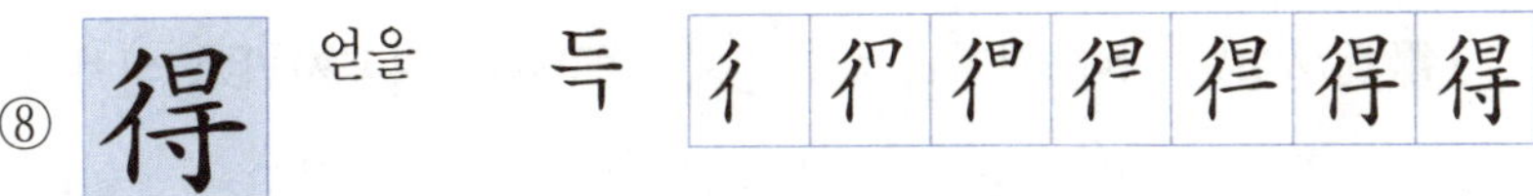

- **得勢(득세)** : ① 세력을 얻음. ② 형편이 유리하게 됨.
- **得票(득표)** : 투표한 표수를 얻음. 또는 얻은 표수.

⑧ 御　거느릴　어

- **御用(어용)** : 권력에 영합하여 통치자와 정부의 정치적 앞잡이 노릇을 하는 일.
- **御前(어전)** : 임금의 앞.

⑧ 從　쫓을　종　약 从

- **從軍(종군)** : 군대를 따라서 싸움터로 나아감.
- **從前(종전)** : ① 이전 대로 따름. ② 이전부터.

⑩ 微　작을　미

- **微笑(미소)** : 소리를 내지 아니하고 가볍게 웃음.
- **微賤(미천)** : 신분이 낮고 천함.

⑫ 德　큰　덕　약 徳

- **德望(덕망)** : 덕행으로 얻은 명망.
- **德澤(덕택)** : 남에게 미치는 은덕의 혜택.

⑫ 徵　부를　징　약 徴

- **徵兵(징병)** : 법에 의거하여 해당자를 군대에 복무시키기 위하여 모음.
- **徵收(징수)** : 나라에서 세금이나 그밖의 돈이나 물건을 받아들이는 것.

忄部 (심방변부)

③ **忄**   바쁠   망   丶 丶 忄 忄 忙 忙

- 忙中閑(**망중한**) : 바쁜 중에도 어쩌다가 있는 한가한 틈.
- 奔忙(**분망**) : 몹시 바쁨.

④ **快**   쾌할   쾌   丶 丶 忄 忄 忏 快 快

- 快晴(**쾌청**) : 구름 한 점 없이 날씨가 썩 맑음.
- 快活(**쾌활**) : 씩씩하고 활발함.

⑤ **性**   성품   성   丶 忄 忄 忤 忡 忹 性

- 性格(**성격**) : 사람마다의 특유한 성질. 인품.
- 性品(**성품**) : 성질과 품격.

⑥ **恤**   구휼할   휼   丶 忄 忄 忓 忦 恤 恤

- 恤兵(**휼병**) : 전쟁에 나간 병사에게 금품을 보내어 위로함.
- 救恤(**구휼**) : 빈민·이재민 들에게 금품을 주어 구조함.

⑦ **悅**   기쁠   열   忄 忄 忱 悅 悅 悅 悅

- 悅樂(**열락**) : 기뻐하고 즐거워함.
- 喜悅(**희열**) : 기쁨.

⑦ 悔   뉘우칠 회   약 悔

- **悔改(회개)** : 잘못을 뉘우치고 고침.
- **後悔(후회)** : 이전의 잘못을 깨닫고 뉘우침.

⑧ 惜   아낄 석

- **惜別(석별)** : 이별을 애틋하게 여김.
- **惜敗(석패)** : 아깝게 짐.

⑧ 情   뜻 정   약 情

- **情談(정담)** : ① 다정한 이야기. ② 남녀간의 애정 이야기.
- **情緒(정서)** : 어떤 일을 생각함에 따라 일어나는 감정의 실마리.

⑩ 愼   삼갈 신

- **愼重(신중)** : 매우 조심스러움.
- **謹愼(근신)** : 삼가고 조심함.

⑪ 慣   익숙할 관

- **慣例(관례)** : 습관이 된 전례.
- **慣習(관습)** : 사회의 습관. 일반적으로 인정된 질서.

⑪ 慢   거만할 만

- **慢性(만성)** : 병이 오래 끌어 쉽사리 낫지 않는 성질.

・傲慢(오만) : 태도가 건방지고 거만함.

⑪ 惨　참혹할　참　
약 惨

・惨死(참사) : 참혹하게 죽음.

・惨敗(참패) : 참혹한 실패나 패배.

⑫ 憤　분할　분

・憤慨(분개) : 그럴 수가 없다고 매우 분하게 여김.

・憤怒(분노) : 분하여 몹시 성냄.

扌部(재방변부)

② 打 칠 **타**

- **打擊(타격)** : ① 때려 침. ② 갑자기 어떤 영향을 입어 크게 기운이 꺾임.
- **打算(타산)** : 이득과 손실을 헤아려 봄.

④ 技 재주 **기**

- **技能(기능)** : 기술상의 재능.
- **長技(장기)** : 아주 능한 재주.

④ 扶 도울 **부**

- **扶養(부양)** : 생활 능력이 없는 가족을 먹이고 입힘.
- **扶助(부조)** : 잔칫집·상가에 물건이나 돈을 보탬.

④ 折 꺾을 **절**

- **折半(절반)** : 둘로 나눔. 또는 그 반.
- **折衷(절충)** : 서로 맞지 않는 견해나 관점을 타협시킴.

④ 抄 베낄 **초**

- **抄本(초본)** : 필요한 일부분만을 뽑아서 베낀 문서.
- **抄譯(초역)** : 원문의 어느 한 부분만을 뽑아서 번역함.

④ **投** 던질 투

投機(**투기**) : 요행을 바라고 하는 모험적인 상행위.

投票(**투표**) : 선거. 또는 어떤 사항을 결정할 때.

④ **抗** 대항할 항

抗訴(**항소**) : 지방 법원의 판결에 불복, 고등 법원에 소송을 제기함.

抗議(**항의**) : 반대의 의견을 주장함.

⑤ **拘** 거리낄 구

拘禁(**구금**) : 신체에 구속을 가하여 일정한 곳에 가두어 둠.

拘束(**구속**) : 행동이나 의사의 자유를 제한함.

⑤ **拍** 손뼉칠 박

拍手(**박수**) : 손뼉을 침.

拍子(**박자**) : 음악에 있어서 곡조의 진행 시간을 헤아리는 단위.

⑤ **拔** 뺄 발

拔群(**발군**) : 여럿 가운데서 특별히 빼어남.

拔萃(**발췌**) : 책 속에서 요점을 빼냄.

⑤ **拂** 떨칠 불 **약** 払

拂拭(**불식**) : 털고 훔치어 깨끗이 함.

• **拂下(불하)** : 관공서에서 일반인에게 물건을 팔아 넘김.

⑤ **押** 누를 **압**   一 十 扌 扩 扣 押 押

• **押留(압류)** : 집행 기관이 특정의 재산이나 권리에 대해 개인의 처분을 금하는 행위. 차압(差押).

• **押收(압수)** : 관리가 직권으로 증거물이나 국민의 재산을 강제로 빼앗는 행위.

⑤ **招** 부를 **초**   一 十 扌 扩 扣 招 招

• **招待(초대)** : 손님을 불러서 대접함.

• **招魂(초혼)** : 죽은 사람의 혼을 불러옴.

⑥ **拾** 주울 **습**   十 扌 扩 扒 扒 拾 拾

• **拾得(습득)** : 타인의 물건을 주움.

• **收拾(수습)** : 재산이나 물건 등을 거두어들임.

⑥ **持** 가질 **지**   十 扌 扩 扩 扶 持 持

• **持論(지론)** : 변하지 않고 늘 가지고 있는 의견.

• **持病(지병)** : 오랫동안 낫지 않아 늘 지니고 있는 병.

⑥ **指** 손가락 **지**   扌 扩 扩 指 指 指 指

• **指紋(지문)** : 손가락 끝마디 안쪽에 있는 피부의 주름.

• **指彈(지탄)** : 비난함.

⑦ 捕　잡을　포　　扌 扩 扖 拘 拘 捕 捕

- **捕縛(포박)** : 잡아 묶음.
- **捕手(포수)** : 투수가 던지는 공을 잡는 사람.

⑧ 接　댈　접　　扌 扩 扩 护 护 接 接

- **接待(접대)** : 손님을 맞아서 대접함.
- **接受(접수)** : 공공 단체에서 서류를 받아들이는 일.

⑧ 採　캘　채　　扌 扩 护 护 抒 採 採

- **採用(채용)** : 채택하여 씀.
- **採集(채집)** : 찾아서 얻어 모음.

⑧ 推　밀　추　　扌 扩 打 扩 推 推

- **推薦(추천)** : 적합한 대상을 책임지고 소개함.
- **推測(추측)** : 미루어 헤아림. 어림잡음.

⑧ 探　찾을　탐　　扌 扩 扩 抨 抨 探 探

- **探索(탐색)** : 형편이나 행동 따위를 살핌.
- **探偵(탐정)** : 몰래 남의 비밀이나 행동을 알아냄.

⑨ 揚　날릴　양　　扌 扩 护 护 护 揚 揚

- **揚水機(양수기)** : 물을 끌어올리는 기계.

・**止揚(지양)** : 지금 것을 버리고, 더 높은 단계로 발전시킴.

⑨ **援** 도울 　원　 扌　扩　扩　押　揆　援　援

・**援助(원조)** : 도와줌.

・**援護(원호)** : 도와주고 보호함.

⑨ **揮** 휘두를 　휘　 扌　扩　扩　押　揁　揖　揮

・**揮毫(휘호)** : 붓을 휘두름. 붓글씨를 씀.

・**指揮(지휘)** : 어떤 일의 해야 할 방도를 지시하여 시킴.

⑩ **損** 덜 　손　 扌　扩　押　捐　揁　捐　損

・**損失(손실)** : 축나서 없어짐.

・**損害(손해)** : 경제적으로 밑지는 일.

⑬ **操** 잡을 　조　 扌　押　押　搵　摞　操　操

・**操鍊(조련)** : 군대를 훈련함.

・**操縱(조종)** : 마음대로 다루어 부림.

氵部(삼수변부)

② **氾** 넘칠 범

- **氾濫(범람)** : 물이 넘쳐흐름.
- **氾論(범론)** : 넓은 범위에 걸쳐 설명한 이론.

③ **汚** 더러울 오

- **汚名(오명)** : 더럽혀진 이름. 나쁜 평판.
- **汚點(오점)** : ① 더러운 점. ② 명예를 더럽히는 흠점.

④ **決** 정할 결

- **決裂(결렬)** : 의견이 맞지 않아 관계를 끊고 갈라짐.
- **決勝(결승)** : 승부를 결정함.

④ **沒** 빠질 몰

- **沒頭(몰두)** : 한 가지 일에 온 정신을 기울임. 일에 열중함.
- **沒收(몰수)** : 빼앗아 들임.

④ **沙** 모래 사

- **沙漠(사막)** : 기후가 매우 건조하여 생물이 거의 자라지 못하는 모래와 자갈로 된 땅. 砂漠(사막).
- **沙汰(사태)** : ① 쌀을 씻어서 돌을 이는 것. ② 비가 와서 산비탈

이 무너지는 현상.

④ 沃 기름질 옥 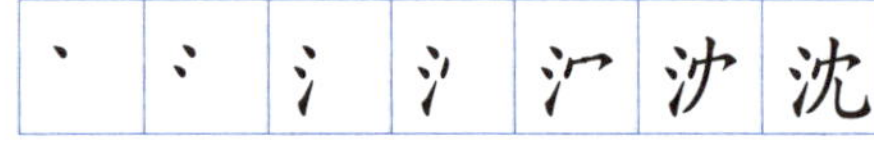

- 沃土(**옥토**) : 기름진 땅.
- 肥沃(**비옥**) : 땅이 걸고 기름짐.

④ 沈 잠길 침

- 沈默(**침묵**) : 아무 말 없이 잠잠히 있는 것.
- 沈着(**침착**) : 행동이 들뜨지 않고 찬찬함.

⑥ 活 살 활 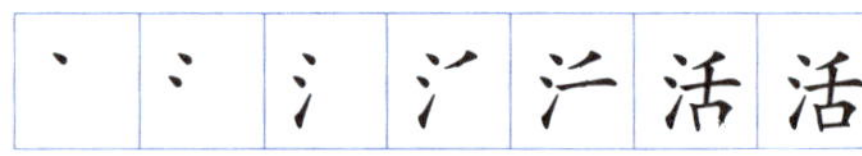

- 活氣(**활기**) : 활발한 기운이나 활동적인 원기.
- 活字(**활자**) : 인쇄에 사용하는 자형(字形).

⑦ 流 흐를 류

- 流浪(**유랑**) : 정처 없이 떠돌아다님.
- 流布(**유포**) : 널리 세상에 퍼지거나 퍼뜨림.

⑦ 消 끌 소

- 消耗(**소모**) : 사용하여 자꾸 줄어져 없어짐.
- 消息(**소식**) : 안부나 새로 일어나는 사실에 관한 기별을 알림.

⑦ 浴 목욕 욕

- **浴室(욕실)** : 목욕하는 방.
- **海水浴(해수욕)** : 바닷물에서 헤엄을 치거나 즐기며 노는 것.

⑦ 浩 넓을 호 （ 氵 氵 汁 浒 浩 浩 浩 ）

- **浩然(호연)** : 물이 그침없이 흐르는 모양.
- **浩蕩(호탕)** : 마음이 자유스런 모양.

⑧ 淡 묽을 담 （ 氵 氵 沙 泺 泺 涉 淡 ）

- **淡泊(담박)** : 음식 맛이 느끼하지 않고 산뜻함.
- **淡水(담수)** : 염분이 없는 물.

⑧ 淘 일 도 （ 氵 沟 沟 沟 淘 淘 淘 ）

- **淘金(도금)** : 사금을 일어 가려냄.
- **淘汰(도태)** : ① 씻어 깨끗하게 함. ② 가려서 고름. 좋은 것만을 골라냄.

⑧ 添 더할 첨 （ 氵 氵 汙 沃 添 添 添 ）

- **添加(첨가)** : 더함. 더하여 붙임.
- **添削(첨삭)** : 첨가하거나 삭제함.

⑧ 淸 맑을 청 （ 氵 汁 汁 浐 淸 淸 淸 ）
　　　 약 淸

- **淸潔(청결)** : 깨끗하여 더러움이 없음.
- **淸算(청산)** : 말끔하게 셈을 끝냄.

⑨  목마를 **갈**

- **渴望(갈망)** : 목마른 사람이 물을 찾듯이 간절히 바람. 열망(熱望).
- **渴症(갈증)** : 목이 말라 물을 먹고 싶은 느낌.

⑨  덜 **감**

- **減員(감원)** : 인원을 줄임.
- **減刑(감형)** : 형벌을 덜어서 가볍게 함.

⑨  측량할 **측**

- **測量(측량)** : 물건의 넓이·길이·높이·부피·방향 따위를 재어서 계산함.
- **推測(추측)** : 미루어 생각하여 헤아리거나 어림을 잡음.

⑨  모두 **혼**

- **渾身(혼신)** : 온 몸.
- **渾然(혼연)** : 다른 것이 섞이지 아니하여 온전하게 고른 모양.

⑪ 滿 찰 **만**

- **滿潮(만조)** : 밀물이 꽉차게 들어왔을 때.
- **滿足(만족)** : 흐뭇하고 충분한 마음의 상태.

⑪ 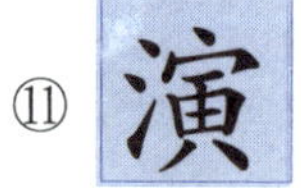 넓힐 **연**

- **演說(연설)** : 여러 사람 앞에서 자기의 의견을 말함.
- **演出(연출)** : 연출가가 배우를 움직여 각본을 무대 위에서 표현하는 일.

⑬ 濁 흐릴 **탁** 약 浊

- **濁流(탁류)** : 흘러가는 흐린 물.
- **混濁(혼탁)** : 맑지 아니함. 흐림.

犭部(개사슴록변부)

犯 ② 범할 범 ／ 犭 犭 犭 犯

- 犯罪(**범죄**) : 죄를 지음. 또는 지은 죄.
- 共犯(**공범**) : 두 사람 이상이 공모하여 범한 범죄.

猛 ⑧ 사나울 맹 犭 犭 犷 猛 猛 猛 猛

- 猛烈(**맹렬**) : 기세가 몹시 사납고 세참.
- 猛獸(**맹수**) : 사나운 짐승.

獅 ⑩ 사자 사 犭 犭 狞 狮 狮 獅 獅

- 獅子(**사자**) : 열대지방에 사는 사나운 짐승.
- 獅子喉(**사자후**) : 기운차게 썩 잘하는 연설.

獨 ⑬ 홀로 독 [약] 独 犭 犸 犸 獨 獨 獨 獨

- 獨立(**독립**) : 남에게 의지하지도 않고 속박당하지도 않는 것.
- 獨子(**독자**) : 외아들.

獲 ⑭ 얻을 획 犭 犷 犷 犷 獲 獲 獲

- 獲得(**획득**) : 얻어 가짐.
- 漁獲(**어획**) : 수산물을 잡거나 뜯음.

⑮ 獵 사냥할 렵 ^약 猎

- 獵官(엽관) : 관직을 얻으려고 운동하는 일.
- 獵銃(엽총) : 사냥에 쓰는 총.

阝部(좌부방부)

④ **防** 막을 방

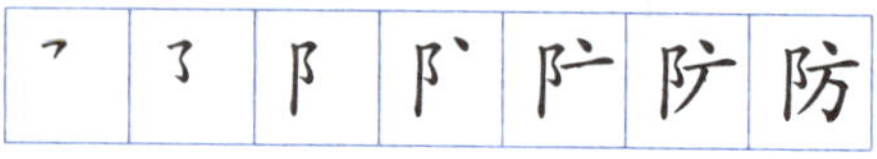

- **防備(방비)** : 적을 막기 위한 설비.
- **防諜(방첩)** : 적국에서 들어오는 간첩을 막음.

⑥ **限** 한정 한

- **限界(한계)** : 한정. 사물의 정하여 놓은 범위.
- **限度(한도)** : ① 한정된 정도. ② 일정한 정도.

⑦ **除** 덜 제

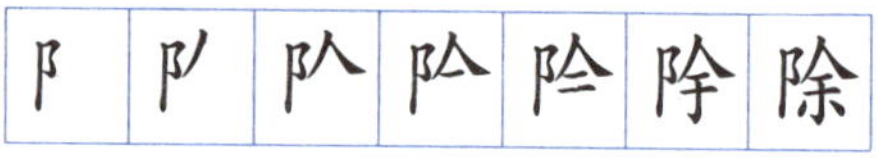

- **除名(제명)** : 명부에서 이름을 지워버림.
- **除夜(제야)** : 섣달 그믐날 밤.

⑧ **陸** 뭍 륙

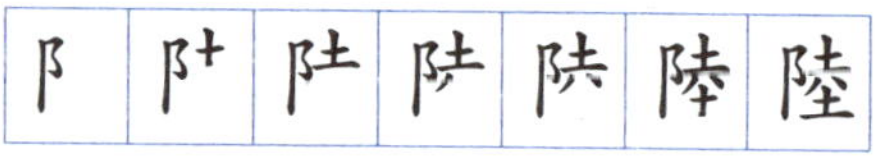

- **陸軍(육군)** : 육상의 전투를 맡은 군대.
- **離陸(이륙)** : 비행기가 날려고 땅에서 떠오름.

⑨ **隊** 떼 대

- **隊列(대열)** : 떼를 지어 늘어선 행렬.
- **軍隊(군대)** : 국가 무장력의 총칭.

⑨ 陽　별　양　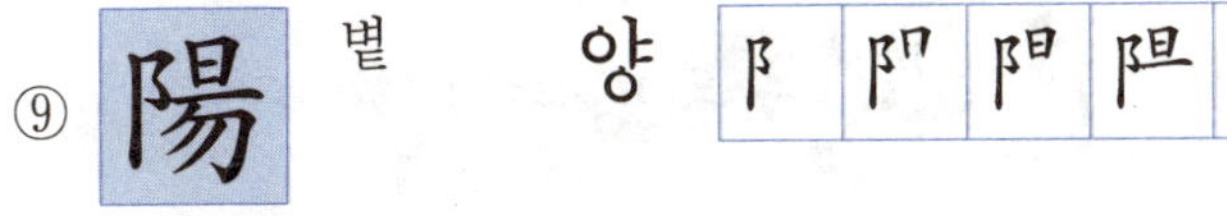

- **陽氣(양기)** : 적극적이고 명랑한 기분.
- **陽地(양지)** : 볕이 드는 곳.

⑪ 際　가　제

- **交際(교제)** : 서로 사귐.
- **實際(실제)** : 실지의 경우나 형편.

⑬ 隨　따를　수

- **隨筆(수필)** : 한가로운 심정에서 붓 가는 대로 쓴 글.
- **隨行(수행)** : 윗사람 뒤에 따라감.

⑬ 險　험할　험　【약】險

- **險談(험담)** : 남을 헐뜯어서 하는 말.
- **保險(보험)** : 언제 일어날지 모르는 사고에 대비하여 여럿이 공동으로 미리 일정한 부담금을 모아 두었다가 사고가 났을 때, 손해를 입은 사람에게 미리 약속한 금액을 주는 제도.

⑭ 隱　숨을　은　【약】隱

- **隱匿(은닉)** : 숨김. 감춤.
- **隱士(은사)** : 세상을 피하여 조용히 살고 있는 선비. 은자(隱者).

阝部 (우부방부)

④ 邪 　간사할 사　｜ 一 ｜ 二 ｜ 牙 ｜ 牙 ｜ 牙ʼ ｜ 牙ʒ ｜ 邪 ｜

- 邪教(**사교**) : 올바르지 못한 종교.
- 邪戀(**사련**) : 정당하지 않게 하는 연애.

⑥ 郊 　들 교　｜ 亠 ｜ 六 ｜ 六 ｜ 交 ｜ 交 ｜ 交ʒ ｜ 郊 ｜

- 郊外(**교외**) : 도시 주위의 들.
- 近郊(**근교**) : 도시에 가까운 주변.

⑧ 部 　떼 부　｜ 亠 ｜ 立 ｜ 立 ｜ 咅 ｜ 咅 ｜ 咅ʒ ｜ 部 ｜

- 部落(**부락**) : 여러 민가들이 모여 이룬 집단.
- 部署(**부서**) : 조직에서 기구에 의하여 갈라진 부분.

⑧ 郵 　우편 우　（약）邮　｜ 二 ｜ 丢 ｜ 垚 ｜ 垂 ｜ 垂 ｜ 郵 ｜ 郵 ｜

- 郵送(**우송**) : 물건이나 편지를 우편으로 보냄.
- 郵遞局(**우체국**) : 편지나 소포 따위를 운송하는 국영 사업.

⑨ 都 　도읍 도　（약）都　｜ 土 ｜ 耂 ｜ 者 ｜ 者 ｜ 者 ｜ 都 ｜ 都 ｜

- 都賣(**도매**) : 물건을 도거리로 파는 것.
- 都合(**도합**) : 모두. 전부를 다 합한 셈.

⑩ 鄕 시골 향
약 郷

| ㇄ | ㇄ | 纩 | 纩 | 粬 | 郷 | 鄕 |

- 鄕愁(**향수**) : 고향을 그리워하는 마음.
- 故鄕(**고향**) : 자기가 태어나서 자란 고장.

⑪ 鄙 더러울 비

| ㅁ | 모 | 뫔 | 啚 | 啚 | 鄙 | 鄙 |

- 鄙見(**비견**) : '자기 의견'의 낮춤말.
- 都鄙(**도비**) : 서울과 시골.

⑫ 鄭 나라이름 정

| ㇀ | ㅚ | 酋 | 酋 | 奠 | 鄭 | 鄭 |

- 鄭聲(**정성**) : 중국 춘추 시대 정나라의 음악.
- 鄭重(**정중**) : ① 점잖고 무게가 있음. ② 친절하고 은근함.

心部(마음심부)

 마음 심

⓪ 心

- **心腹(심복)** : 썩 가까워 마음놓고 믿을 수 있는 부하.
- **心情(심정)** : 마음에 품은 생각과 감정.

① 必 반드시 필

- **必須(필수)** : 꼭 있어야 함.
- **必要(필요)** : 반드시 없어서는 아니 됨.

③ 忌 꺼릴 기

- **忌故(기고)** : 기제사를 지내는 일.
- **忌避(기피)** : 꺼리어 피함.

③ 忘 잊을 망

- **忘却(망각)** : 잊어버림.
- **健忘症(건망증)** : 듣거나 본 것을 잘 잊어버리는 버릇.

③ 忍 참을 인

- **忍耐(인내)** : 참고 견딤.
- **殘忍(잔인)** : 인정이 없고 몹시 모짊.

③ 志 뜻 지 一 十 士 士 志 志 志

- **志操(지조)** : 의지와 절조.
- **初志(초지)** : 처음에 먹은 뜻.

④ 念 생각 념 人 㐂 今 念 念 念 念

- **念慮(염려)** : 걱정하는 마음.
- **念佛(염불)** : 부처의 공덕을 생각하며 나무아미타불을 부르는 일.

④ 忠 충성 충 口 口 中 忠 忠 忠

- **忠告(충고)** : 진심으로 남의 잘못을 타이르는 것.
- **忠誠(충성)** : 마음에서 우러나는 정성.

⑤ 急 급할 급 勹 勺 急 急 急 急 急

- **急所(급소)** : 몸 가운데서 조금만 다쳐도 목숨이 위험한 부분.
- **急行(급행)** : 빨리 감. ↔ 완행(緩行).

⑤ 怒 성낼 노 女 女 如 奴 奴 怒 怒

- **怒氣(노기)** : 노여운 기세.
- **怒發大發(노발대발)** : 펄펄 뛸 듯이 몹시 성을 냄.

⑤ 思 생각할 사 口 田 田 田 田 思 思

- **思慕(사모)** : ① 그리워 함. ② 우러러 받들고 따름.

• 思索(**사색**) : 사물의 이치를 따지어 깊이 생각함.

⑥ 恩   은혜   은   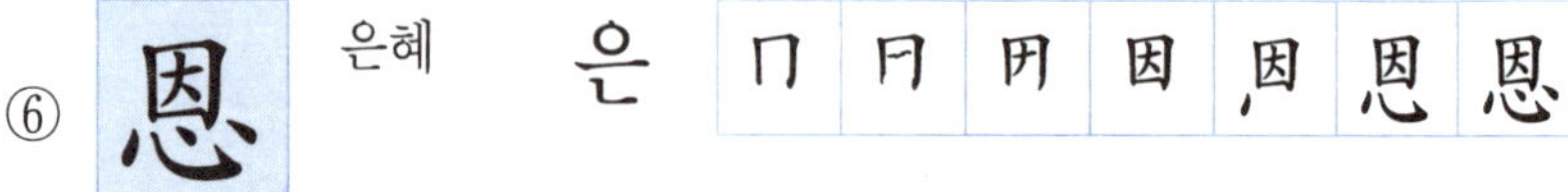

• 恩寵(**은총**) : 높은 사람에게서 받는 은혜와 사랑.
• 恩惠(**은혜**) : 베풀어 주는 혜택.

⑥ 恥   부끄러울   치   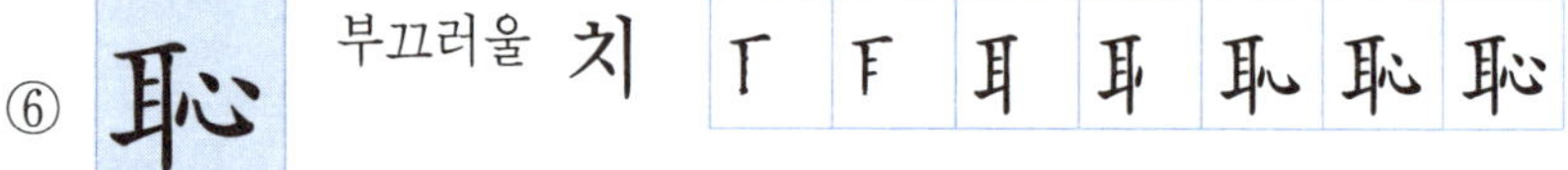

• 恥辱(**치욕**) : 부끄럽고 욕됨. 불명예.
• 恥部(**치부**) : 남에게 보이기 부끄러운 곳.

⑧ 悲   슬플   비   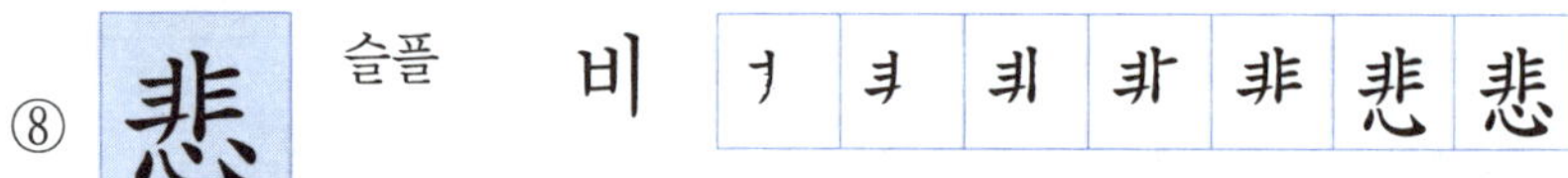

• 悲觀(**비관**) : 사물을 슬프게만 봄.
• 悲憤(**비분**) : 슬프고 분함.

⑧ 惡   악할   악
       미워할   오   약 惡   

• 惡漢(**악한**) : 몹시 악독한 사람.
• 憎惡(**증오**) : 몹시 미워함.

⑨ 感   느낄   감   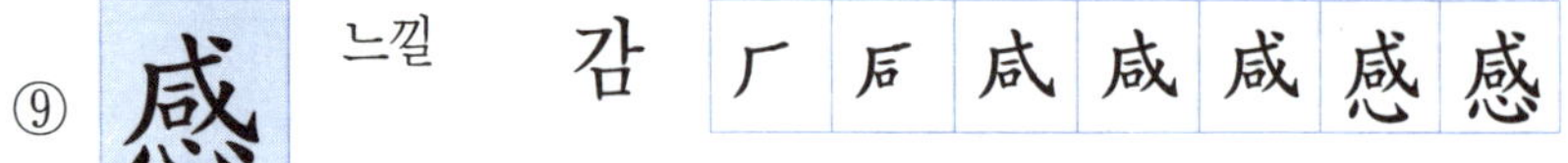

• 感謝(**감사**) : 고마움. 고맙게 여김.
• 感化(**감화**) : 남의 영향을 받아 마음이 착해짐.

⑨ 愛   사랑   애

- **愛煙家(애연가)** : 담배를 즐기는 사람.
- **博愛(박애)** : 모든 사람을 평등하게 사랑함.

⑩ **慈** 사랑 **자**　｜ 亠 ｜ 玄 ｜ 玆 ｜ 玆 ｜ 玆 ｜ 慈 ｜ 慈 ｜

- **慈善(자선)** : 불쌍한 사람을 도와줌.
- **慈愛(자애)** : ① 사랑. ② 어머니의 사랑.

戈部(창과부)

③ 成 이룰 성 | 丿 | 厂 | 厈 | 戌 | 成 | 成 | 成 |

- **成功(성공)** : 목적에 도달함. ↔ 失敗(실패).
- **成熟(성숙)** : ① 발육이 다 됨. ② 열매가 익음.

③ 我 나 아 | ノ | 二 | 千 | 手 | 我 | 我 | 我 |

- **我執(아집)** : 자기의 의견에만 사로잡혀 그것에만 쏠림.
- **自我(자아)** : 다른 사람과 구별해서의 자기.

⑦ 戚 겨레 척 | 厂 | 厈 | 斤 | 斥 | 尗 | 戚 | 戚 |

- **姻戚(인척)** : 외가와 처가의 혈족.
- **親戚(친척)** : 혈족 관계가 있는 사람.

⑫ 戰 싸울 전 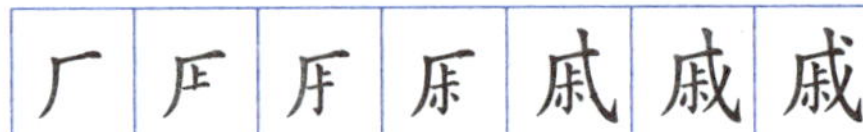 | 口 | 吅 | 먊 | 單 | 單 | 戰 | 戰 |

약 战

- **戰爭(전쟁)** : 싸움. 戰鬪(전투).
- **戰戰兢兢(전전긍긍)** : 몹시 두려워하여 벌벌 떨면서 조심함.

⑭ 戴 일 대 | 土 | 吉 | 壹 | 壴 | 戠 | 戴 | 戴 |

- **戴冠(대관)** : 관을 씀.
- **推戴(추대)** : 윗사람으로서 올려 떠받드는 것.

戸部(지게 호부)

⓪ 戸 지게 호
` コ ア 戸

- **戸籍(호적)** : 호수 및 인구를 기록한 장부.
- **戸主(호주)** : 한 집안의 주장이 되는 사람.

④ 房 방 방
コ ア 户 户 户 房 房

- **空房(공방)** : 비어 있는 방.
- **暖房(난방)** : 방을 덥게 함. 또는 덥게 한 방.

④ 所 바 소
コ 户 戸 戸 所 所 所

- **所見(소견)** : 사물을 보고 가지는 바의 의견.
- **所有(소유)** : 자기 것으로 가짐. 또는 그 물건.

⑥ 扇 부채 선
コ 戸 斤 斤 肩 扇 扇

- **扇風器(선풍기)** : 전기의 힘으로 바람을 일으키는 기구.
- **扇形(선형)** : 부채같이 생긴 모양.

⑦ 扈 뒤따를 호
コ 户 戸 戸 扈 扈 扈

- **扈駕(호가)** : 임금이 타는 수레에 수행함.
- **跋扈(발호)** : 제멋대로 날뜀.

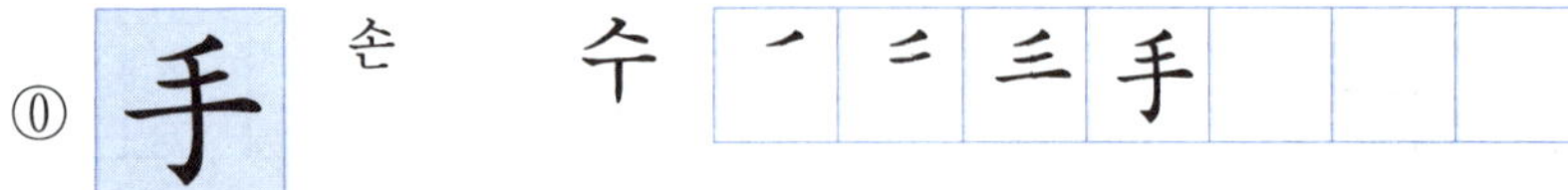

手部(손수부)

⑩ 手 손 수 ㅡ ㄷ 三 手

- 手配(수배) : 범인을 잡으려고 수사망을 펴는 일.
- 手腕(수완) : 일을 꾸미거나 치루어 나가는 재간.

⑧ 掌 손바닥 장 ⺍ ⺌ 尚 尚 堂 堂 掌

- 掌握(장악) : 손에 쥠. 자기의 것으로 만듦.
- 分掌(분장) : 사무를 분담하여 처리함.

⑪ 摩 문지를 마 [약] 摩 广 厂 厈 麻 麻 麼 摩

- 摩擦(마찰) : ① 서로 닿아서 비빔. ② 뜻이 맞지 않아 옥신각신함.
- 按摩(안마) : 손으로 주물러서 피의 순환을 도와주는 일.

⑬ 擊 칠 격 [약] 撃 画 車 軎 軗 軗 轂 擊

- 擊滅(격멸) : 쳐서 멸망시킴.
- 擊破(격파) : 쳐서 부숨.

⑭ 擧 들 거 丨 丨 臼 臼 與 與 擧

- 擧事(거사) : 일을 일으킴.
- 擧行(거행) : 어떤 일을 정한 대로 행함.

攵 部(등글월문부)

③ **改** 고칠 **개**　ㄱ　ㄱ　己　己'　改'　改'　改

- **改善(개선)** : 잘못을 고쳐 좋게 함.
- **改革(개혁)** : 새롭게 뜯어 고침.

⑤ **政** 정사 **정**　丁　丁　正　正'　正'　政'　政

- **政府(정부)** : 국가 통치권을 행사하는 기관의 총칭.
- **政治(정치)** : 국가의 주권자가 그 영토와 국민을 다스림.

⑤ **故** 연고 **고**　十　古　古　古'　古'　故'　故

- **故意(고의)** : 일부러나 억지로 하려는 뜻.
- **故人(고인)** : 죽은 사람.

⑥ **效** 본받을 **효**　二　六　交　交'　效'　效'　效
　　　　　약 効

- **效果(효과)** : ① 보람. ② 좋은 결과.
- **效率(효율)** : 실지 유효하게 쓰인 분량의 비율.

⑦ **救** 구원할 **구**　寸　才　求　求　求'　救'　救

- **救急(구급)** : 위급한 것을 구원함.
- **救援(구원)** : 어려운 고비에서 도와 건져줌.

⑦ 敗 패할 패 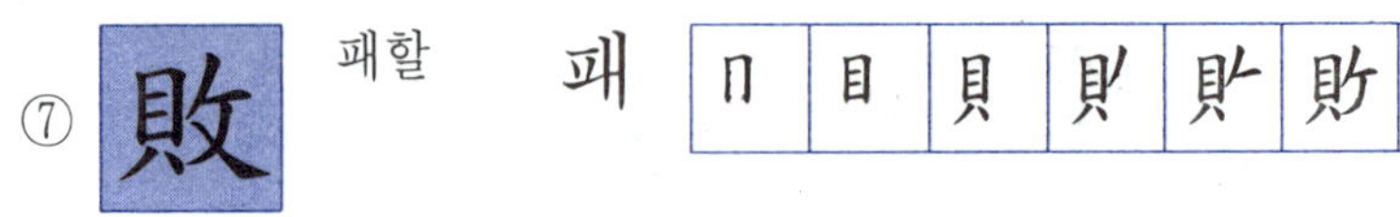

- **敗家(패가)** : 가산을 다 써 없앰.
- **敗北(패배)** : 싸움에서 짐. 싸움에 지고 도망감.

⑨ 敬 공경할 경

- **敬虔(경건)** : 공경하는 마음으로 깊이 삼가고 조심함.
- **敬意(경의)** : 공경하는 마음.

⑪ 敷 펼 부

- **敷設(부설)** : 철도·교량 따위를 설치함.
- **敷衍(부연)** : 알기 쉽게 덧붙여서 자세히 설명함.

⑪ 敵 대적할 적

- **敵愾心(적개심)** : 적을 미워하며 분개하는 심정.
- **敵國(적국)** : 상대가 되어 싸우는 나라.

⑫ 整 가지런할 정

- **整頓(정돈)** : 가지런히 바로잡음.
- **整理(정리)** : 어지러운 것을 말끔하게 바로잡아 처리함.

方部(모방부)

⑤ **施** 베풀 시 　｜ `丶` ｜ `方` ｜ `方` ｜ `方` ｜ `施` ｜ `施` ｜ `施` ｜

- **施賞(시상)** : 상을 줌. 예 施賞式(시상식)
- **施行(시행)** : 그대로 실지 행함.

⑥ **旅** 나그네 려 　｜ `方` ｜ `方` ｜ `方` ｜ `旅` ｜ `旅` ｜ `旅` ｜ `旅` ｜

- **旅客(여객)** : 여행하는 사람. 나그네. 길손.
- **旅券(여권)** : 외국 여행을 승인하는 증명서.

⑦ **旋** 돌 선 　｜ `方` ｜ `方` ｜ `方` ｜ `旋` ｜ `旋` ｜ `旋` ｜ `旋` ｜

- **旋盤(선반)** : 각종 금속 소재를 회전시켜 갈거나 파내는 데 쓰는
  금속 공작 기계.
- **凱旋(개선)** : 적과의 싸움에서 이기고 돌아옴.

⑦ **族** 겨레 족 　｜ `方` ｜ `方` ｜ `方` ｜ `族` ｜ `族` ｜ `族` ｜ `族` ｜

- **族譜(족보)** : 한 집안의 계통과 혈통 관계를 적어 놓은 책.
- **魚族(어족)** : 물고기의 종족. 魚類(어류).

⑩ **旗** 기 기 　｜ `方` ｜ `方` ｜ `方` ｜ `旗` ｜ `旗` ｜ `旗` ｜ `旗` ｜

- **旗幅(기복)** : ① 깃발. ② 깃발의 나비.
- **國旗(국기)** : 국가를 대표하는 기.

日部(날일부)

⓪ 日　날　일　｜　冂　冃　日

- 日給(일급) : 하루 단위로 주는 노동 보수.
- 日暮(일모) : 해가 저무는 것.

② 旬　열흘　순　丿　勹　勹　勾　旬　旬

- 旬刊(순간) : 열흘마다 간행하는 간행물.
- 上旬(상순) : 초하루부터 초열흘까지의 사이.

④ 明　밝을　명　冂　冃　日　旫　明　明　明

- 明晳(명석) : 분명하고 똑똑함.
- 明確(명확) : 똑똑하고 확실함.

④ 易　비꿀　역 / 쉬울　이　冂　日　日　旦　易　易　易

- 貿易(무역) : 외국과의 상품의 매매에 관한 경제적 활동.
- 容易(용이) : 아주 쉬움.

⑤ 昧　어두울　매　日　日　旺　旴　旹　昧　昧

- 蒙昧(몽매) : 사리에 어둡고 어리석음.
- 三昧(삼매) : 하나의 대상에만 집중하여 마음이 흔들리지 않는 경지.

⑤ 是 이 시 　日 日 旦 무 무 昆 是

- 是非(시비) : 옳음과 그름.
- 是認(시인) : 옳다고 인정함. ↔ 否認(부인).

⑤ 春 봄 춘 　三 圭 夫 耒 春 春 春

- 春困(춘곤) : 봄에 느끼는 고달픈 기운.
- 春秋(춘추) : ① 봄과 가을. ② 어른의 나이.

⑥ 時 때 시 　日 日 旷 旷 旷 時 時

- 時勢(시세) : ① 세상 형편. ② 시대의 추세.
- 時速(시속) : 한 시간에 달리는 속도.

⑦ 晨 새벽 신 　日 旦 尸 尾 辰 晨 晨

- 晨省(신성) : 아침 일찍 일어나 부모의 안부를 살핌.
- 晨鐘(신종) : 절에서 치는 새벽종.

⑧ 景 빛 경 　日 日 昦 昦 昦 景 景

- 景福(경복) : 커다란 행복.
- 景致(경치) : 자연의 아름다운 모습.

⑧ 普 넓을 보 　丷 艹 並 普 普 普 普

- 普及(보급) : 널리 퍼뜨려 실행되게 함.

• **普遍(보편)** : 모든 것에 두루 비치거나 통함.

⑪ 暴 사나울 포 / 드러낼 폭

| 曰 | 昗 | 昦 | 垦 | 暴 | 暴 | 暴 |

• **暴惡(포악)** : 성질이 사납고 모진 것.
• **暴利(폭리)** : 지나친 이익. 법정 이외의 지나친 이익.

日部(가로왈부)

③ **更** 바꿀 **경** / 다시 **갱**　一　亇　亓　曰　更　更　更

- **更迭(경질)** : 서로 바꿈. 교대함.
- **更生(갱생)** : 죽을 지경에서 다시 살아남.

⑥ **書** 글 **서**　ㄱ　ㅋ　申　聿　書　書　書

- **書簡(서간)** : 편지. 書翰(서한).
- **書式(서식)** : 증서·원서·신고서 등 문서를 쓰는 일정한 법식.

⑧ **曾** 일찍 **증**　⼧　⼧　⼧　㊀　曾　曾　曾

- **曾孫(증손)** : 아들의 손자.
- **曾祖(증조)** : 아버지의 할아버지.

⑧ **最** 가장 **최**　口　므　무　㝵　㝵　最　最

- **最高(최고)** : 가장 높음. ↔ 最低(최저).
- **最善(최선)** : ① 가장 좋음. ② 온 힘. ↔ 最惡(최악).

⑨ **會** 모을 **회**　약 会　　人　今　㑹　侖　侖　會　會

- **會談(회담)** : 모여서 이야기함. 또는 그 일.
- **會心(회심)** : 마음에 맞음. 심기(心氣)에 들어맞음.

月部(달월 부)

① 月　달　월　｜ 丿 刀 月 月

- **月桂冠(월계관)** : 고대 그리스에서 경기에 우승한 사람에게 씌우
  던 월계 잎사귀로 엮은 관.
- **月賦(월부)** : 값, 또는 빚을 다달이 나누어 갚아가는 일.

④ 朋　벗　붕　刀 月 月 朋 朋 朋 朋

- **朋黨(붕당)** : 이해를 같이하는 사람들끼리의 결합체.
- **朋友(붕우)** : 벗. 친한 친구.

⑦ 朗　밝을　랑　丶 彐 良 良 郎 朗 朗

- **朗讀(낭독)** : 소리를 높이어 읽음.
- **明朗(명랑)** : 우울한 빛이 없이 유쾌함.

⑧ 期　기약할　기　十 廿 甘 其 其 期 期

- **期待(기대)** : 믿고 기다림. 바라고 기다림.
- **期限(기한)** : 미리 정한 시기. 일정한 시기.

⑧ 朝　아침　조　十 古 直 直 卓 朝 朝

- **朝刊(조간)** : 아침 신문. ↔ 夕刊(석간).
- **朝會(조회)** : 학교나 관청에서 행하는 아침 모임.

木部(나무목부)

⓪ 木 나무 목 　一 十 才 木

- 木工(목공) : 나무로 물건을 만드는 사람.
- 樹木(수목) : 살아 있는 나무.

① 末 끝 말 　一 二 ヰ 才 末

- 末席(말석) : 일터나 모임에서 지위의 맨끝.
- 末職(말직) : 끝자리의 보잘것없는 벼슬.

① 未 아닐 미 　一 二 ヰ 才 未

- 未來(미래) : 아직 오직 않은 때. 장래. ↔ 過去(과거).
- 未婚(미혼) : 아직 결혼하지 않음. ↔ 旣婚(기혼).

① 札 편지 찰 　一 十 才 木 札

- 名札(명찰) : 이름을 달고 다니는 것.
- 現札(현찰) : 현금(現金).

④ 果 과실 과 　口 日 日 旦 甲 果 果

- 果敢(과감) : 과단성 있고 용감함.
- 果然(과연) : '알고 보니 정말로'의 뜻으로, 강조하기 위하여 쓰는 말.

④ 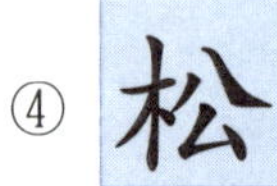 소나무　송　｜ 十 才 木 朩 松 松

- 松柏(송백) : 소나무와 잣나무.
- 松栮(송이) : 중요한 식용 버섯의 하나.

⑤ 查　사실할　사　약 查　十 才 木 朩 杏 杳 查

- 査頓(사돈) : 혼인한 두 집의 부모들끼리, 또는 같은 항렬이 되는 사람들끼리 서로 부르는 말.
- 査丈(사장) : 윗항렬의 집안 사람의 사돈을 대접하여 이르는 말.

⑤  물들일　염　氵 氵 氿 氿 染 染 染

- 染色(염색) : 물을 들임.
- 感染(감염) : 전염병. 또는 나쁜 풍습이나 버릇들이 옮거나 물듦.

⑤ 柔　부드러울　유　マ ヌ 矛 予 柔 柔 柔

- 柔順(유순) : 성질이 온순하고 공손함.
- 柔軟(유연) : 부드럽고 연함.

⑥ 栗　밤　률　一 襾 西 西 覀 栗 栗

- 生栗(생률) : 날밤.
- 黃栗(황률) : 말려서 껍질과 보늬를 벗긴 밤.

⑥  씨　핵　才 才 杧 杧 栌 核 核

- **核果(핵과)** : 씨. 알맹이.
- **核心(핵심)** : 사물의 중심이 되는 요긴한 부분.

⑦ **條** 가지 **조**　〔약〕条　｜ 亻｜ 亻｜ 㐁｜ 俰｜ 俢｜ 條｜ 條

- **條理(조리)** : 행동·말·글에서 앞뒤가 맞고 체계가 서는 갈피.
- **條約(조약)** : 조문으로써 맺은 언약.

⑩ **構** 얽을 **구**　〔약〕构　｜ 朾｜ 枆｜ 桂｜ 構｜ 構｜ 構｜ 構

- **構想(구상)** : 생각을 얽어놓음. 또는 그 얽어놓은 생각.
- **構成(구성)** : 얽어서 만듦. 짜서 맞춤. 또는 짜서 맞춘 것.

⑪ **模** 법 **모**　｜ 朾｜ 枦｜ 枯｜ 楛｜ 椣｜ 模｜ 模

- **模倣(모방)** : 본받음. 본뜸.
- **模範(모범)** : 본받을 만한 규범.

⑫ **橫** 가로 **횡**　〔약〕横　｜ 朾｜ 朾｜ 枦｜ 橫｜ 橫｜ 橫｜ 橫

- **橫斷(횡단)** : ① 가로로 끊는 일. ② 가로 지나감.
- **橫財(횡재)** : 노력을 들이지 않고 뜻밖에 재물을 얻음.

⑬ **檢** 검사할 **검**　〔약〕検　｜ 朾｜ 朾｜ 枪｜ 检｜ 檢｜ 檢｜ 檢

- **檢問(검문)** : 검사하고 물음. 문초하고 조사함.
- **檢診(검진)** : 병이 걸렸나를 조사하기 위하여 하는 진찰.

⑬ 檀　박달나무 단　　木　扩　柠　梅　檀　檀　檀

- **檀君(단군)** : 신화로서의 우리 겨레의 시조.
- **檀木(단목)** : 박달나무.

⑱ 權　권세　권　[약] 権　权　　木　权　扩　柑　榨　榨　權

- **權謀(권모)** : 그때 그때의 형편에 따라 변통성이 있는 모략.
- **權限(권한)** : 권리를 행사할 수 있는 범위.

欠部(하품흠부)

⑦ **欲** 하고자할 **욕**　｜　ハ　ハ　谷　谷　谷欠　欲　欲

- **欲求(욕구)** : 바라고 구함. 예 欲求不滿(욕구불만)
- **欲情(욕정)** : 한때 충동적으로 일어나는 욕심.

⑧ **款** 정성 **관**　｜　十　丰　圭　圭　圭　款　款

- **落款(낙관)** : 글씨나 그림에 자기의 이름을 쓰고 도장을 찍음. 款識(관지).
- **借款(차관)** : 외국에서 일정한 조건으로 자금을 빌려오는 일.

⑧ **欺** 속일 **기**　｜　廾　甘　甚　其　欺　欺　欺

- **欺瞞(기만)** : 그럴 듯하게 속여 넘김.
- **詐欺(사기)** : 남을 꾀어 속여 해침.

⑩ **歌** 노래 **가**　｜　口　叮　叿　哥　哥　歌　歌

- **歌曲(가곡)** : ① 노래. ② 노래와 곡조.
- **歌謠(가요)** : 민요·동요·유행가 들의 총칭.

⑪ **歎** 탄식할 **탄**　｜　卄　卅　苩　莗　莫　歎　歎

- **歎息(탄식)** : 한탄하여 한숨을 쉼.
- **歎願(탄원)** : 사정을 말하여 도와주기를 바람. 예 歎願書(탄원서)

止部(그칠지부)

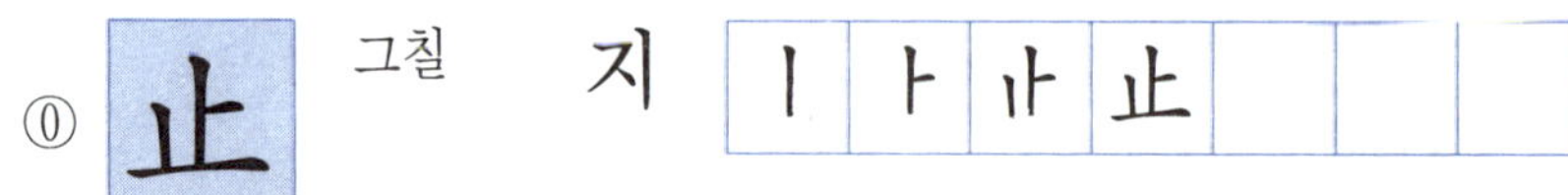

⓪ 止 그칠 지

- **止血(지혈)** : 피가 나오다 그침. 또는 나오는 피를 그치게 함.
- **防止(방지)** : 어떤 일이 일어나지 못하도록 막음.

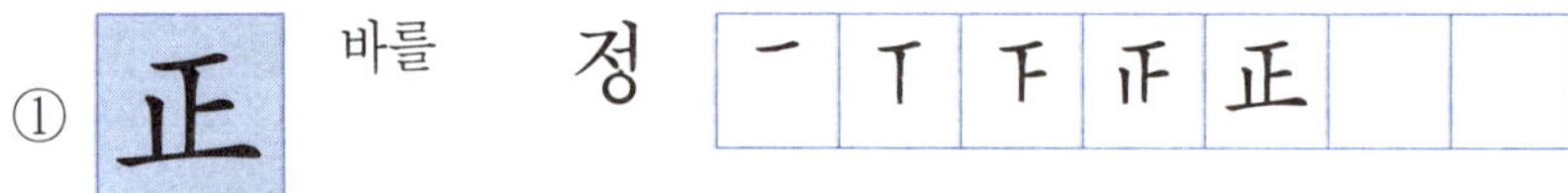

① 正 바를 정

- **正當(정당)** : 바르고 옳음. 이치에 당연함.
- **正統(정통)** : 바른 계통. 예 正統派(정통파)

④ 武 군사 무

- **武術(무술)** : 무도(武道)에 관한 기술.
- **武勇(무용)** : 굳세고 용감함. 예 武勇談(무용담)

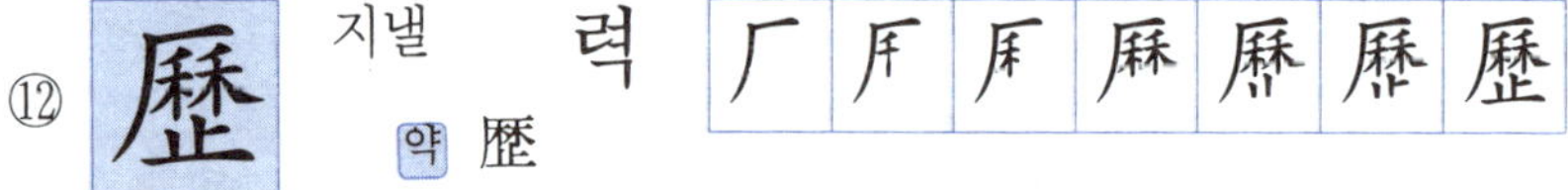

⑫ 歷 지낼 력   약 歴

- **歷史(역사)** : 인류 사회의 변천과 흥망의 과정. 또는 그 기록.
- **歷任(역임)** : 거듭하여 여러 직위를 차례로 지냄.

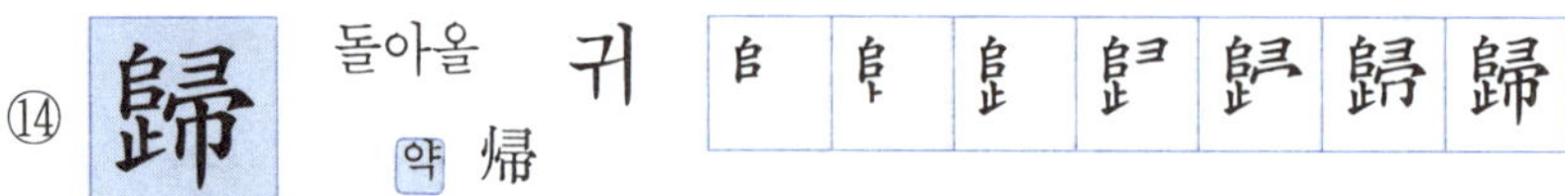

⑭ 歸 돌아올 귀   약 帰

- **歸省(귀성)** : 객지에서 부모를 뵈러 고향에 돌아감.
- **歸順(귀순)** : 적이 굴복하고 순종함.

歹部(죽을사변부)

② **死** 죽을 사 | 一 | 厂 | 歹 | 歹 | 歼 | 死 | |

- **死力(사력)** : 목숨을 아끼지 않고 쓰는 힘.
- **死守(사수)** : 목숨을 걸고 지킴.

⑥ **殉** 따라죽을 순 | 歹 | 歹 | 歹 | 殉 | 殉 | 殉 | 殉 |

- **殉敎(순교)** : 자기가 믿는 종교를 위하여 목숨을 버림.
- **殉職(순직)** : 직무를 다하다가 죽음.

⑧ **殘** 남을 잔 약 残 | 歹 | 歹 | 殘 | 殘 | 殘 | 殘 | 殘 |

- **殘額(잔액)** : 나머지 돈의 액수.
- **殘滓(잔재)** : 쓰고 남은 찌꺼기.

⑧ **殖** 번성할 식 | 歹 | 殖 | 殖 | 殖 | 殖 | 殖 | 殖 |

- **繁殖(번식)** : 늘어서 많이 퍼짐.
- **殖利(식리)** : 이익을 늘림.

⑩ **殞** 죽을 운 | 歹 | 殞 | 殞 | 殞 | 殞 | 殞 | 殞 |

- **殞命(운명)** : 사람의 명이 끊어져 죽음.
- **殞石(운석)** : 지구 밖에서 지구 위로 떨어진 물체. 隕石(운석).

殳部(갖은등글월문부)

⑤ 段 / 층계 / 단 / ʃ ʃ ⻖ 𠭯 𣪊 段 段

- **段階(단계)** : 일의 차례를 따라 나아가는 과정.
- **段數(단수)** : 검도·유도·바둑 등의 단(段)의 수.

⑦ 殺 / 죽일 살 / 심할 쇄 / メ 乇 杀 𣏂 𣏐 殺 殺

- **殺伐(살벌)** : 거동이 거칠고 무시무시함.
- **殺到(쇄도)** : 한꺼번에 세차게 몰려듦.

⑨ 殿 / 대궐 / 전 / 尸 屁 屄 展 屟 𡱝 殿

- **殿閣(전각)** : 임금이 거처하는 궁전.
- **殿下(전하)** : 왕이나 왕비의 높임말.

⑨ 毀 / 헐 / 훼 / 臼 臼 𦥑 皀 皇 𣫌 毀

- **毀損(훼손)** : 체면이나 명예를 손상함.
- **毀譽(훼예)** : 남을 비방함과 칭찬함.

⑪ 毆 / 때릴 구 / 약 殴 / 匸 匚 医 区 區 [illegible]císmo 毆

- **毆殺(구살)** : 때려 죽임.
- **毆打(구타)** : 때림. 두들김.

水部(물수부)

⓪ **水** 물 수 ｜ 刀 水 水

- **水準(수준)** : 사물의 어느 정도의 표준.
- **水平線(수평선)** : 바다와 하늘이 맞닿아 보이는 그 경계선.

① **氷** 얼음 빙 ｜ 刀 冫 氷 氷

- **氷山(빙산)** : 산처럼 떠 있는 얼음 덩어리.
- **氷點(빙점)** : 얼거나 녹기 시작할 때의 물의 온도. 곧 0℃.

① **永** 길 영 ` 刁 汀 永 永

- **永劫(영겁)** : 영원한 세월.
- **永久(영구)** : ① 길고 오램. ② 언제까지나. 永遠(영원).

② **求** 구할 구 一 十 寸 求 求 求

- **求愛(구애)** : 이성의 사랑을 구함.
- **求職(구직)** : 직업을 구함. 직장을 구함.

⑤ **泰** 클 태 三 夫 夫 泰 泰 泰

- **泰山(태산)** : 높고 큰 산.
- **泰然(태연)** : 흔들리지 않고 굳건한 모양.

火部(불화부)

① **火** 불　　화 ｜ 丶 ｜ 丶丶 ｜ 少 ｜ 火 ｜ ｜ ｜

- **火急(화급)** : 대단히 급함.
- **火葬(화장)** : 시체를 불살라 장사지냄.

③ **災** 재앙　재 ｜ 丶 ｜ 丷 ｜ 巛 ｜ 巛 ｜ 巛 ｜ 災 ｜ 災

- **災難(재난)** : 뜻밖에 일어나는 불행한 일.
- **天災(천재)** : 자연의 변화로 일어나는 재앙.

④ **炊** 불땔　취 ｜ 丶 ｜ 丷 ｜ 火 ｜ 炒 ｜ 炒 ｜ 炊 ｜ 炊

- **炊事(취사)** : 부엌일. 예 炊事場(취사장)
- **自炊(자취)** : 자기가 손수 밥을 지어 먹음.

⑥ **烙** 지질　락 ｜ 丶 ｜ 丷 ｜ 火 ｜ 炏 ｜ 烙 ｜ 烙 ｜ 烙

- **烙印(낙인)** : 불에 달구어 찍는 쇠 도장.
- **烙刑(낙형)** : 단근질하는 형벌.

⑧ **焚** 불사를　분 ｜ 十 ｜ 木 ｜ 朴 ｜ 林 ｜ 棥 ｜ 焚 ｜ 焚

- **焚身(분신)** : 몸을 불살라 죽음. 예 焚身自殺(분신자살)
- **焚香(분향)** : 향료를 불에 피움. 향을 불에 태움.

⑨ **煙** 연기 **연**   火 灯 炉 炬 煙 煙 煙

- 禁煙(금연) : 담배를 피우지 못하게 함.
- 喫煙(끽연) : 담배를 피움.

⑬ **營** 경영할 **영** _약 営   ＊ ＊´ ＊＊ 炏 熒 營 營

- 營業(영업) : 영리를 목적으로 하여 사업을 경영함.
- 自營(자영) : 사업을 자신이 경영함.

灬部(연화발부)

⑥ 烈 군셀 **렬**

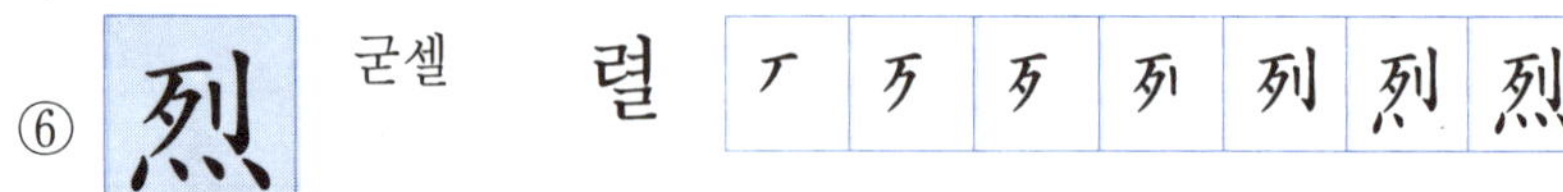

- **烈女(열녀)** : 남편에 대한 정성과 절개를 지킨 여자.
- **烈士(열사)** : 조국을 위하여 충성을 다하여 장렬하게 싸운 사람.

⑧ 無 없을 **무** 약 无

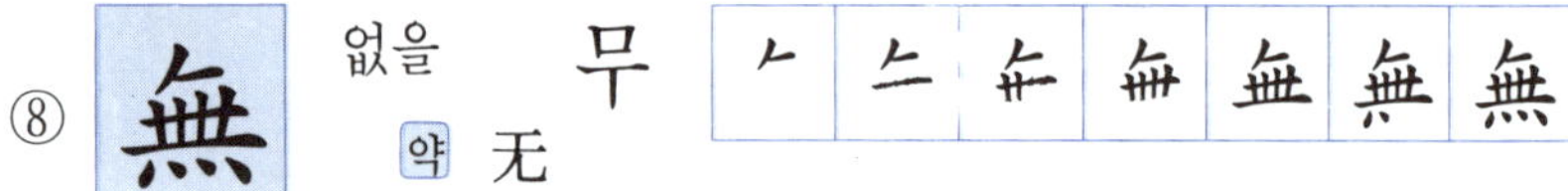

- **無窮(무궁)** : 시간이나 공간의 한이 없음.
- **無聊(무료)** : ① 심심함. ② 조금 부끄러움.

⑨ 照 비출 **조**

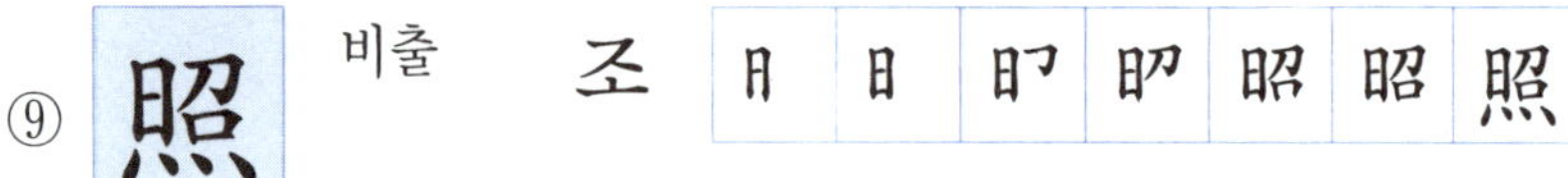

- **照明(조명)** : 밝게 비침. 예 照明裝置(조명장치)
- **照會(조회)** : 무엇을 알아보기 위하여 보내는 공문.

⑪ 熟 익을 **숙**

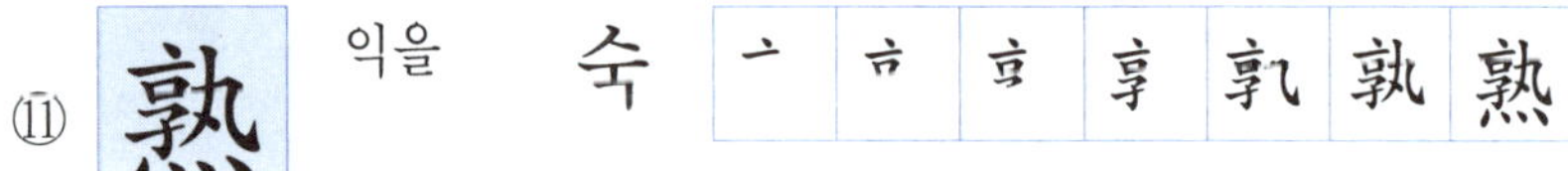

- **熟練(숙련)** : 능숙하도록 익힘.
- **熟眠(숙면)** : 잠이 깊이 듦. 또는 그 잠.

⑪ 熱 더울 **열**

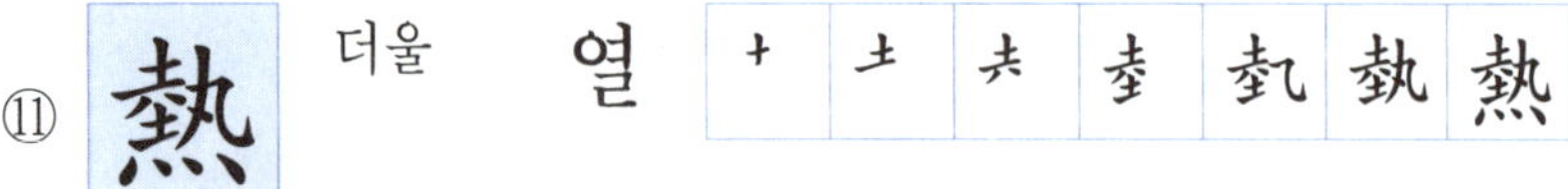

- **熱烈(열렬)** : 관심이나 느끼는 정도가 더할 나위 없이 강함.
- **熱辯(열변)** : 불을 뿜는 듯한 웅변.

牛部(소우부)

④ **牧** 칠 **목** ノ ← ← 牛 牜 牧 牧

- **牧畜(목축)** : 가축을 기르는 일.
- **遊牧(유목)** : 거처를 정하지 않고 물과 풀을 따라 옮기며 소·말·양 등의 가축을 기르는 일.

④ **物** 만물 **물** ノ ← 牜 牛 牜 物 物

- **物望(물망)** : 여러 사람이 우러러보는 명당.
- **物情(물정)** : 이러저러한 실정이나 형편.

⑥ **特** 특별할 **특** 牛 牛 牛 牪 牪 特 特

- **特權(특권)** : 특정인에게 주어지는 우월한 지위나 권리.
- **特異(특이)** : 다른 것과는 특별히 다름.

⑦ **牽** 끌 **견** 亠 玄 牽 牽

- **牽引(견인)** : 끌어당김.
- **牽制(견제)** : 자유로운 행동을 하지 못하게 함.

⑯ **犧** 희생 **희** 牛 牻 牻 犠 犠 犧 犧
   [약] 犠

- **犧牲(희생)** : ① 제물로 쓰는 소·양·돼지 따위의 짐승. ② 남을 위하여 목숨·재물·명예 등을 버리거나 빼앗김.

犬部(개견부)

④ 狀 문서 / 형상　장 / 상　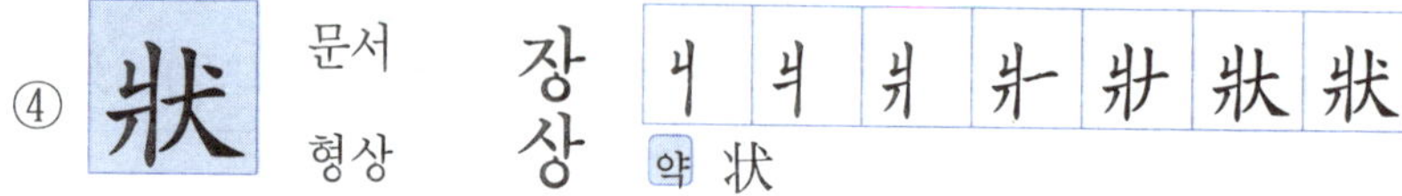
약 狀

- 賞狀(상장) : 상을 주는 뜻을 적어서 주는 증서.
- 狀態(상태) : 사물이 처하여 있는 형편이나 모양.

⑩ 獄 옥　옥　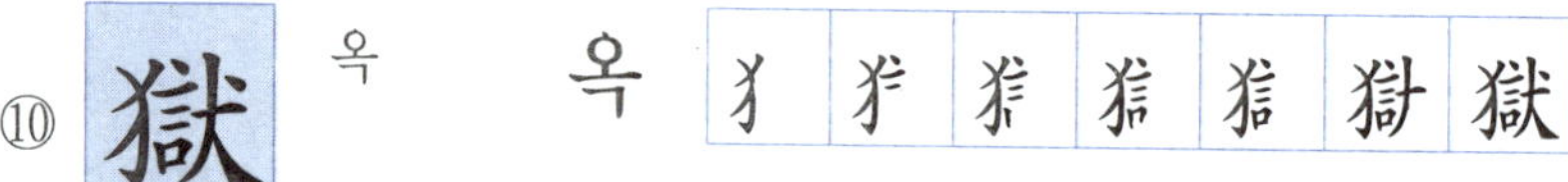

- 獄死(옥사) : 옥에 갇히어 있는 동안에 죽음.
- 投獄(투옥) : 감옥에 가둠.

⑮ 獸 짐승　수　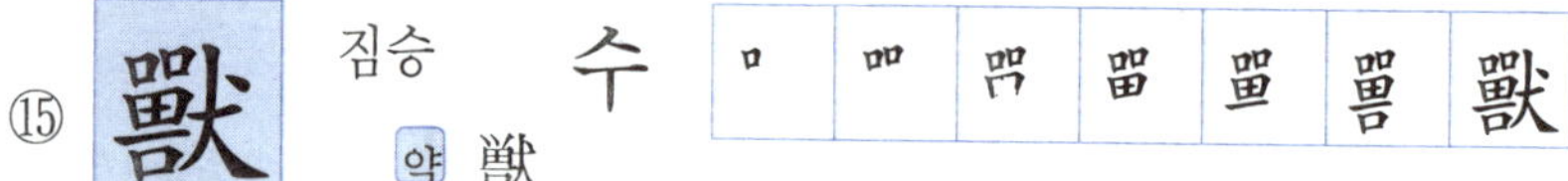
약 獣

- 獸心(수심) : 짐승같이 사납고 모진 마음.
- 禽獸(금수) : 날짐승과 길짐승.

⑯ 獻 드릴　헌　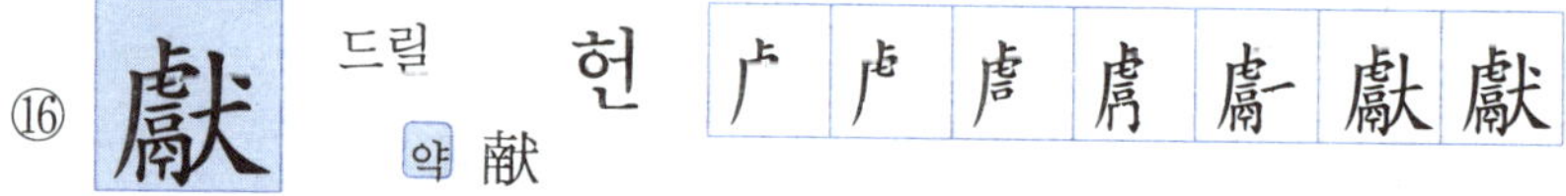
약 献

- 獻金(헌금) : 돈을 바침. 또는 그 돈.
- 獻身(헌신) : 몸을 바쳐 있는 힘을 다함.

王(玉)部(임금왕부)

⑤ 珍 보배 진 | ㅣ | 王 | 王 | 珍 | 珍 | 珍 | 珍 |

- 珍味(진미) : 아주 좋은 맛. 또는 그러한 음식.
- 珍羞(진수) : 진귀한 음식. 예 珍羞盛饌(진수성찬)

⑥ 珠 구슬 주 | 王 | 王 | 珏 | 珖 | 珔 | 珠 | 珠 |

- 珠玉(주옥) : ① 구슬과 옥돌. ② 잘 된 글의 비유.
- 眞珠(진주) : 예로부터 보배로서 장식에 쓰임.

⑦ 現 나타날 현 | 王 | 王 | 珥 | 珇 | 珇 | 現 | 現 |

- 現狀(현상) : 현재의 상태. 또는 현재의 형편.
- 現象(현상) : 관찰할 수 있는 사물의 형상.

⑬ 璧 둥근 옥 벽 | 尸 | 启 | 启 | 启 | 辟 | 璧 | 璧 |

- 雙璧(쌍벽) : 여럿 가운데서 우열이 없이 특히 뛰어난 둘.
- 完璧(완벽) : ① 흠이 없는 구슬. ② 결점이 없이 훌륭함.

⑬ 環 고리 환 약 环 | 珏 | 珏 | 珇 | 珇 | 珇 | 環 | 環 |

- 環境(환경) : 사람의 생활체를 둘러싸고 있는 사물이나 사정, 또는 도리.

⺿(卄)部(초두밑부)

④ 芳 꽃다울 방 | 艹 | 艹 | 艹 | 艹 | 艹 | 芳 | 芳 |

- 芳年(**방년**) : 이십 세 전후의 꽃다운 나이.
- 芳名(**방명**) : 아름다운 이름.  芳名錄(방명록)

⑤ 苛 가혹할 가 | 艹 | 艹 | 艹 | 艹 | 艻 | 苛 | 苛 |

- 苛斂(**가렴**) : 조세(租稅) 따위를 혹독하게 징수함.
- 苛酷(**가혹**) : 매우 혹독함.

⑤ 英 꽃부리 영 | 艹 | 艹 | 艹 | 苎 | 茁 | 英 | 英 |

- 英傑(**영걸**) : 뛰어난 인물. 英雄(영웅).
- 英才(**영재**) : 뛰어난 재주. 秀才(수재).

⑥ 草 풀 초 | 艹 | 艹 | 苎 | 节 | 苗 | 荁 | 草 |

- 草書(**초서**) : 한자 서체의 한 가지로 행서보다 더 흘려 쓰는 글씨.
- 草創(**초창**) : 사업의 시초.  草創期(초창기)

⑥ 荊 가시 형 | 艹 | 艹 | 荁 | 荁 | 荊 | 荊 | 荊 |

- 荊棘(**형극**) : ① 나무의 가시. ② 고난의 길.
- 荊扉(**형비**) : 가시나무로 만든 사립문.

⑥ 荒 거칠 황 　十　一十　卄　艹　芢　芢　荒

- 荒蕪地(**황무지**) : 손을 대지 않고 버려두어 거칠어진 땅.
- 荒廢(**황폐**) : 버려두어 못 쓰게 되고 거칠어짐.

⑦ 荷 짐 하 　十　卄　产　芢　芢　荷　荷

- 荷役(**하역**) : 짐을 싣고 내리는 일.
- 出荷(**출하**) : 하물(荷物)을 내어 보냄. ↔ 入荷(입하).

⑧ 菌 버섯 균 　十　卄　艹　芐　芮　茵　菌

- 殺菌(**살균**) : 병원체 및 그 외의 미생물을 죽임.
- 細菌(**세균**) : 가장 미세한 하등 단세포 미생물.

⑧ 華 빛날 화 **약** 华 　卄　艹　芊　芢　苹　莗　華

- 華僑(**화교**) : 외국에 사는 중국 사람.
- 華婚(**화혼**) : 혼인(婚姻)을 아름답게 이르는 말.

⑨ 落 떨어질 락 　卄　艹　莎　莎　落　落　落

- 落成(**낙성**) : 공사의 목적물이 완성됨. 埈工(준공).
- 落伍(**낙오**) : ① 대열에서 뒤떨어지는 것. ② 사회나 시대의 진보
　　　　에 뒤떨어짐.

⑨ 葬 장사 장 　卄　卄　艹　芛　菀　菀　葬

- **葬禮(장례)** : 장사 지내는 의식.
- **合葬(합장)** : 부부의 시체를 한 무덤 안에 장사하는 일.

⑨ 著　나타날　저

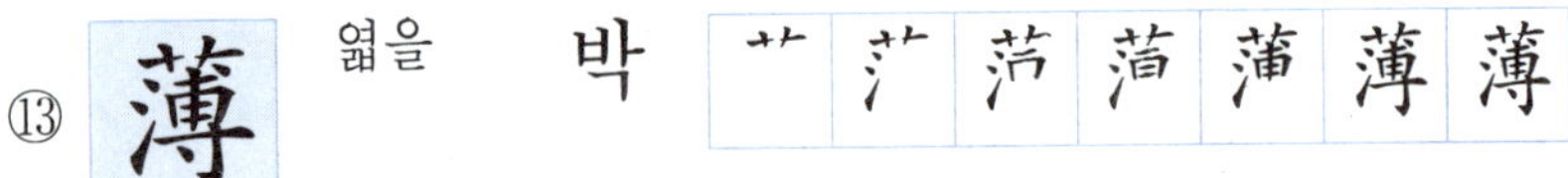

- **著名(저명)** : 이름이 세상에 높이 드러남.
- **著書(저서)** : 책을 지음. 또는 그 책.

⑩ 蓄　쌓을　축

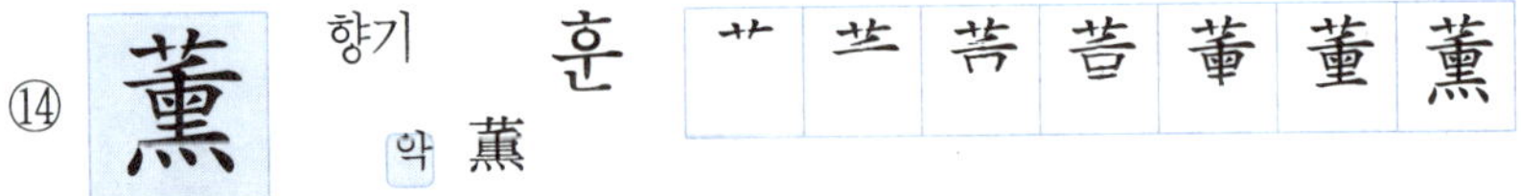

- **蓄財(축재)** : 돈이나 재물을 모아 쌓음.
- **貯蓄(저축)** : 소득을 모두 써 버리지 않고 그 일부를 모아 나감.

⑬ 薄　엷을　박

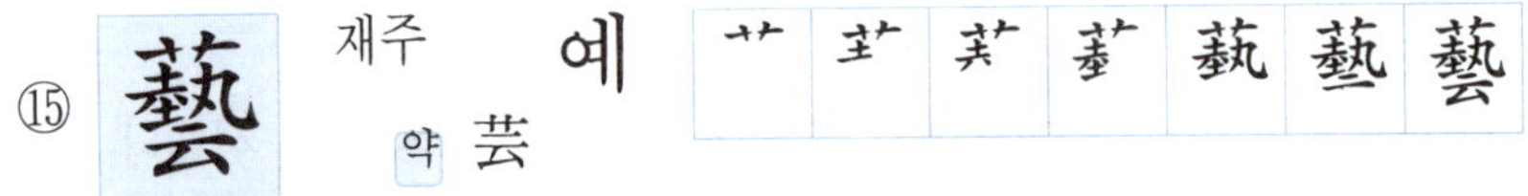

- **薄待(박대)** : 냉담한 대접. ↔ 厚待(후대).
- **薄命(박명)** : 기구한 운명. 不運(불운).

⑭ 薰　향기　훈
　　약 薫

- **薰陶(훈도)** : 학문이나 어진 덕행으로써 남을 감화함.
- **薰風(훈풍)** : 첫여름에 부는 훈훈한 바람.

⑮ 藝　재주　예
　　약 芸

- **藝能(예능)** : 재주와 기능. 예 藝能科(예능과)
- **文藝(문예)** : 문학을 비롯한 모든 예술의 총칭.

⑰ **蘭** 난초
약 란 란   艹 艹 芾 萠 蘭 蘭 蘭

- **蘭交(난교)** : 뜻이 맞아 서로 친밀한 사람들의 사귐.
- **芝蘭(지란)** : 지초나 난초. 맑고 높은 재질의 비유.

辶(辵)部(책받침 부)

④ 近 가까울 근   丶 丆 斤 斤 斤 近 近

- 近視(근시) : 먼 데 것을 잘 못 보는 시력.
- 近親(근친) : 촌수가 가까운 일가.

⑤ 迫 핍박할 박   丶 亻 亻 自 自 迫 迫

- 迫切(박절) : 인정이 없고 야박함.
- 迫害(박해) : 못 견디게 굴어서 해롭게 함.

⑥ 迷 미혹할 미   丶 丷 半 米 米 迷 迷

- 迷宮(미궁) : 사건 같은 것이 얽혀서 쉽게 해결하거나 판단하기
  어려운 일.
- 昏迷(혼미) : 정신이 헛갈리고 사리에 어둠.

⑥ 逆 거스를 역   丷 丷 屰 屰 逆 逆 逆

- 逆境(역경) : 일이 뜻대로 안 되는 불행한 경우.
- 逆旅(역려) : 여관. '나그네를 맞이한다'는 뜻.

⑥ 追 따를 추   亻 亼 𠂤 𠂤 𠂤 追 追

- 追放(추방) : 쫓아내어 멀리함.
- 追伸(추신) : 뒤에 추가하여 말함.

⑥ 退　물러날 퇴　ㅋ 尹 艮 艮 ＇艮 退 退

- **退職(퇴직)** : 그 직업을 그만두고 물러남.
- **退治(퇴치)** : 물리쳐서 없애버림. 예 文盲退治(문맹퇴치)

⑦ 速　빠를 속　口 曰 束 束 ＇束 涑 速

- **速記(속기)** : 빨리 적음. 예 速記錄(속기록)
- **速成(속성)** : 빨리 이룸. ↔ 晚成(만성).

⑦ 造　지을 조　쓰 쓰 告 告 ＇告 浩 造

- **造詣(조예)** : 학문이나 기예 등의 일정한 부분에 관하여 가지고 있는 지식의 정도.
- **造作(조작)** : 일을 꾸미어 만듦.

⑦ 通　통할 통　マ 冎 月 甬 ＇甬 浦 通

- **通商(통상)** : 외국과 통교하여 서로 상거래를 함.
- **通知(통지)** : 기별하여 알림.

⑧ 進　나아갈 진　약 进　亻 亻 仁 隹 ＇隹 進 進

- **進路(진로)** : 앞으로 나아갈 길.
- **進化(진화)** : 진보하여 차차 나은 것이 됨.

⑨ 道　길 도　ﾂ 丷 首 首 ＇首 道 道

- **道義(도의)** : 사람이 마땅히 행하여야 할 도덕상의 의리.
- **道場(도장)** : 무예를 가르치거나 연습하는 곳.

⑩ 遠　멀　원

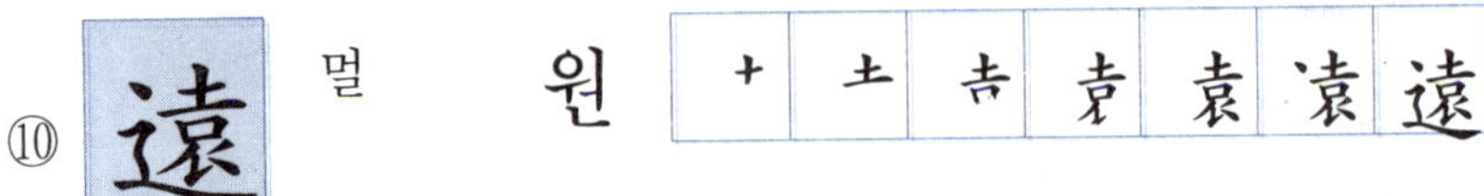

- **遠視(원시)** : 먼 데 있는 것은 보이지만 가까이 있는 것은 잘 보이지 않는 시력. ↔ 近視(근시).
- **遠征(원정)** : 멀리 가서 운동 경기 따위를 함.

⑪ 適　맞을　적　약 适

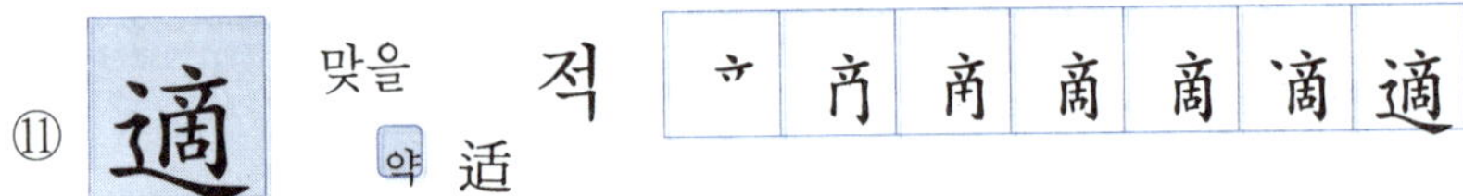

- **適格(적격)** : 알맞은 자격.
- **適材適所(적재적소)** : 적당한 인재를 적당한 자리에 씀.

⑬ 避　피할　피

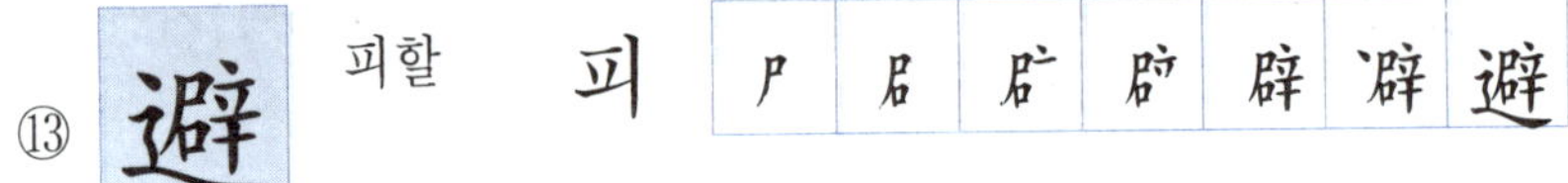

- **避難(피난)** : 재난을 피하여 있는 곳을 옮김.
- **避暑(피서)** : 여름철에 서늘한 곳으로 자리를 옮겨 더위를 피함.

田部(밭전부)

⓪ **田** 밭 전 ｜ 冂 𡆢 用 田

- **田畓(전답)** : 논과 밭.
- **田園(전원)** : ① 논밭과 동산. ② 시골.

⑤ **留** 머무를 류 ｌ 𠂊 𠂎 𰯎 留 留 留

- **留意(유의)** : 마음에 둠.
- **留學(유학)** : 외국이나 먼 곳에 머물러 공부함.

⑤ **畜** 가축 축 一 亠 玄 玄 畜 畜 畜

- **家畜(가축)** : 집에서 기르는 짐승.
- **畜産(축산)** : 가축을 길러 생활에 유용한 물질을 생산하는 일.

⑥ **異** 다를 이　약 异 冂 田 𭥫 𭥬 畀 畀 異

- **異端(이단)** : 바르지 못한 길. 邪道(사도).
- **異彩(이채)** : ① 다른 것보다 뛰어나게 색다른 색채. ② 남보다 색다른 모습.

⑥ **畢** 마칠 필　약 毕 冂 田 𭥫 畢 畢 畢 畢

- **畢竟(필경)** : 마침내. 결국에는.
- **畢納(필납)** : 납세나 납품 같은 것을 끝냄.

⑦ **番** 차례 **번** 一 ノ 平 采 番 番 番

- **番地(번지)** : 지적도에서 토지를 여러 조각으로 나누어 매겨 놓은 번호.
- **當番(당번)** : 당직 근무의 차례에 당함.

疒部(병질엄부)

⑤ **病** 병들 병   广 疒 疒 疒 病 病 病

- **病菌(병균)** : 병을 일으키는 균.
- **病床(병상)** : 병든 사람이 누워 있는 침상.

⑤ **疾** 병 질   广 疒 疒 疒 疒 疾 疾

- **疾走(질주)** : 빨리 달림. 빠르게 달림.
- **疾風(질풍)** : 강하고 빠르게 부는 바람.

⑦ **痛** 아플 통   广 疒 疒 疒 病 痛 痛

- **痛快(통쾌)** : 아주 마음이 시원함.
- **痛歎(통탄)** : 매우 한탄하여 슬퍼함.

⑫ **癌** 암 암   广 疒 疒 疒 癌 癌 癌

- **癌腫(암종)** : 체내에 생기는 굳은 악성 종기.
- **胃癌(위암)** : 위에 생기는 암종.

⑬ **癒** 병나을 유   广 疒 疒 疒 疥 癒 癒

- **癒合(유합)** : 찢어진 피부가 나아서 맞붙음.
- **快癒(쾌유)** : 병이 완전히 나음.

白部(흰백부)

⓪ **白** 흰 백

- **白骨(백골)** : 송장의 살이 썩고 남은 뼈.
- **白眉(백미)** : 여럿 가운데서 가장 뛰어남.

③ **的** 적실할 적

- **的中(적중)** : 목표에 꼭 들어맞음.
- **的確(적확)** : 틀림없음. 確實(확실).

④ **皆** 다 개

- **皆勤(개근)** : 하루도 빠짐없이 출석. 또는 출근함.
- **皆兵(개병)** : 모든 국민이 병역의 의무를 갖는 일.

④ **皇** 임금 황

- **皇恩(황은)** : 황제의 은혜.
- **皇帝(황제)** : 天子(천자). 군주국의 군주의 칭호.

⑦ **皓** 깨끗할 호

- **皓齒(호치)** : 하얀 이. 미인의 아름다운 이.
- **皓皓(호호)** : 깨끗하게 흼. 예 皓皓白髮(호호백발)

皿部(그릇명부)

④ **盆** 동이 분　八　今　分　盆　盆　盆　盆

- **盆地(분지)** : 산이나 대지로 둘러싸인 평지.
- **花盆(화분)** : 화초를 심어 가꾸는 분(盆).

⑤ **益** 더할 익　丷　丷　䒑　丩　益　益　益

- **益甚(익심)** : 갈수록 더욱 심함.
- **益鳥(익조)** : 인류에게 이익이 되는 새. 제비 따위.

⑦ **盜** 도둑 도　氵　汀　汋　次　浐　盜　盜

- **盜癖(도벽)** : 남의 것을 훔치는 나쁜 버릇.
- **盜聽(도청)** : 금지하는 것을 몰래 엿들음.

⑦ **盛** 성할 성　厂　厈　成　成　成　盛　盛

- **盛衰(성쇠)** : 성하는 것과 쇠하는 것.
- **盛裝(성장)** : 옷을 잘 차려 입음.

⑧ **盟** 맹세할 맹　冂　日　日　明　明　明　盟

- **盟誓(맹서 → 맹세)** : 장래를 두고 다짐하고 약속함.
- **同盟(동맹)** : 같은 목적이나 이익을 위해 같이 행동하기로 약속
　　하는 일.

⑨ 監 볼 감 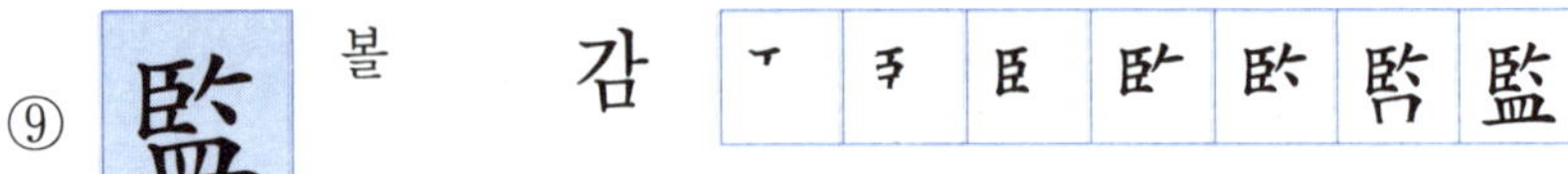

- **監督(감독)** : 감시하여 단속하는 사람.
- **監修(감수)** : 책의 저술이나 편집을 감독함.

⑨ 盡 다할 진 〔약〕尽 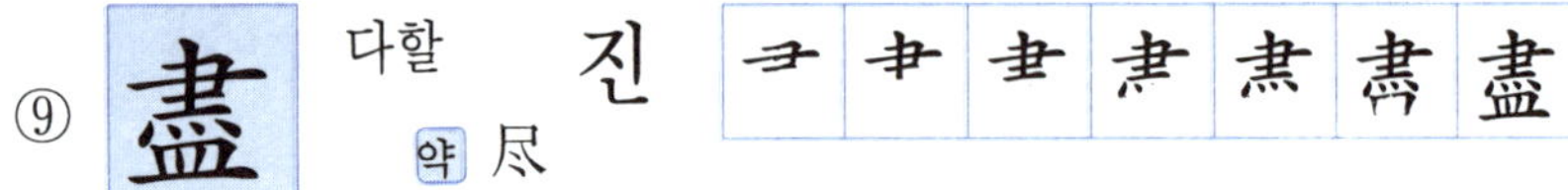

- **盡力(진력)** : 힘 닿는 데까지 다함.
- **賣盡(매진)** : 모조리 팔림. 品切(품절).

目部(눈목부)

⓪ **目**　눈　목　｜　冂　冂　月　目

- **目擊(목격)** : 그 자리에서 실제로 봄.
- **目錄(목록)** : 물품의 이름을 순서대로 적은 것.

③ **直**　곧을　직　一　十　古　古　肖　直　直

- **直言(직언)** : 자기가 믿는 대로 기탄 없이 말함.
- **直接(직접)** : 중간에 다른 것을 거치지 않고 바로. ↔ 間接(간접).

④ **相**　서로　상　十　才　木　机　相　相　相

- **相似(상사)** : 모양이 서로 비슷함.
- **相續(상속)** : 다음 차례에 이어줌. 예 相續權(상속권)

④ **省**　살필　성／덜　생　小　小　少　少　岁　省　省

- **省墓(성묘)** : 조상의 산소를 찾아가서 살피어 돌봄.
- **省略(생략)** : 글이나 말을 일정한 절차에서 일부분을 빼거나 줄임. 예 以下省略(이하생략)

⑤ **眠**　잠잘　면　冂　目　旷　旷　眠　眠　眠

- **冬眠(동면)** : 동물이 땅 속에 숨어서 수면 상태로 겨울을 남.
- **眠食(면식)** : 자고 먹는 일. 일상생활.

⑤ **眞** 참 진 [약]眞 

- **眞談(진담)** : 참말. ↔ 弄談(농담).
- **眞相(진상)** : 참된 모습. [예] 眞相把握(진상파악)

⑥ **眼** 눈 안

- **眼鏡(안경)** : 시력을 돕기 위하여 눈에 덧쓰게 만든 물건.
- **肉眼(육안)** : 확대경을 쓰지 않는 본디의 시력.

⑦ **着** 붙을 착

- **着服(착복)** : 남의 금품을 부당하게 자기 것으로 함.
- **着實(착실)** : 들뜨지 아니하고 거짓이 없이 진실함.

矢部(화살시부)

⓪ 矢　화살　시　　ノ　ト　ヒ　矢　矢

- 矢心(시심) : 마음속으로 맹세함.
- 弓矢(궁시) : 활과 화살.

③ 知　알　지　　ノ　ヒ　矢　矢　矢　知　知

- 知覺(지각) : 감각 기관에 의하여 외계의 사물을 인식하는 기능.
- 知己(지기) : 자기의 마음이나 참된 가치를 알아주는 사람.

⑤ 矩　법　구　　ト　矢　矢　知　知　知　矩

- 矩尺(구척) : ㄱ자 모양으로 90도 각도로 만든 자. 曲尺(곡척).
- 規矩(규구) : 일상 생활에서 지켜야 할 법도.

⑦ 短　짧을　단　　ト　矢　矢　知　知　短　短

- 短點(단점) : 낮고 모자라는 점. ↔ 長點(장점).
- 短縮(단축) : 짧게 줄임. 縮小(축소).

⑫ 矯　바로잡을　교　　ト　矢　矢　矯　矯　矯　矯

- 矯僞(교위) : 속임. 矯詐(교사).
- 矯正(교정) : 바르게 바로잡음.

石部(돌석부)

④ 砂   모래   사   丆 石 石 刦 矶 砂 砂

- **砂漠(사막)** : 모래나 자갈로 뒤덮여 식물이 거의 없는 지대.
- **砂防(사방)** : 산이나 강가 등에 바위가 무너지거나, 흙·모래 따위가 밀려 내리는 것을 막는 일.

⑤ 破   깨뜨릴   파   石 石 石 矿 砂 砓 破

- **破鏡(파경)** : 부부의 인연이 끊어짐을 비유하여 이르는 말.
- **破産(파산)** : 재산이 모두 잃어 없어짐.

⑥ 研   갈   연   石 石 矴 矴 矸 矸 研
　　　　　약 研

- **研究(연구)** : 깊이 생각하고 사리를 따져보는 일.
- **研修(연수)** : 학업을 연구하여 닦음.

⑦ 硯   벼루   연   丆 石 石 矴 矵 硯 硯

- **硯滴(연적)** : 벼루에 먹을 갈 때 쓸 물을 담아 두는 그릇.
- **硯池(연지)** : 벼루에 물이 담기는 부분.

⑨ 碧   푸를   벽   王 珇 珇 珀 碧 碧 碧

- **碧眼(벽안)** : 푸른 눈동자. 서양사람.
- **碧海(벽해)** : 푸른 바다. 예 桑田碧海(상전벽해)

示(礻)部(보일시부)

⓪ 示   보일   시 | ー | 二 | 亍 | 示 | 示 | |

- 示範(시범) : 모범을 보여 줌.
- 示唆(시사) : 미리 암시하여 알려줌.

③ 社   모일   사 | ` | 礻 | 礻 | 礻 | 社 | 社 |

- 社交(사교) : 사회 생활에 있어서의 교제.
- 社稷(사직) : 토지 신과 곡신(穀神).

④ 祈   빌   기 | ` | 礻 | 礻 | 礻 | 祈 | 祈 | 祈 |

- 祈禱(기도) : 바라는 바가 이루어지기를 신불에게 비는 것.
- 祈願(기원) : 소원이 이루어지기를 비는 것.

⑤ 祕   숨길   비 | ` | 礻 | 礻 | 祗 | 祕 | 祕 | 祕 |
   약 秘

- 祕訣(비결) : 숨겨두고 혼자만이 쓰는 썩 좋은 방법.
- 祕密(비밀) : 숨어서 남에게 공개하지 않는 일.

⑤ 神   귀신   신 | ` | 礻 | 礻 | 初 | 神 | 神 | 神 |

- 神奇(신기) : 신묘하고 기이(奇異)함.
- 神仙(신선) : 속세를 떠나서 살며 불로장생하는 상상의 사람. 仙
  人(선인).

⑤ **祖** 할아비 조 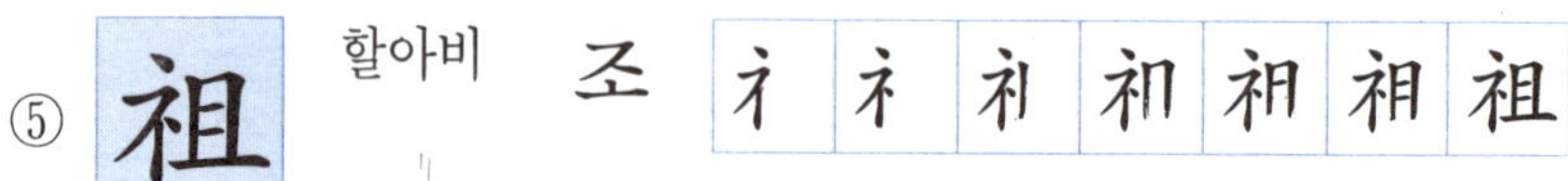

- **祖上(조상)** : 돌아간 어버이 위로 대대의 어른. 先祖(선조).
- **始祖(시조)** : 한 겨레의 맨 처음이 되는 조상.

⑤ **祝** 빌 축

- **祝福(축복)** : 앞길의 행복을 비는 것.
- **祝儀(축의)** : 축하하는 뜻으로 보내는 선물.

⑥ **祥** 상서로울 상

- **祥雲(상운)** : 상서로운 구름. 瑞雲(서운).
- **吉祥(길상)** : 운수가 좋을 조짐. 祥瑞(상서).

⑥ **票** 표 표

- **票決(표결)** : 투표로 가부(可否)를 결정함.
- **開票(개표)** : 투표함을 열고, 그 결과를 조사함.

⑨ **福** 복 복

- **福券(복권)** : 제비를 뽑아 당첨되면 상금이나 그밖의 이득을 받게 되는 표. 예 住宅福券(주택복권)
- **福祉(복지)** : 행복과 이익. 예 福祉社會(복지사회)

⑬ **禮** 예도 례 약 礼

- 禮遇(예우) : 예로써 대우함.
- 禮節(예절) : 예의 범절.

⑭ 禱   빌   도   礻 礻 禱 禱 禱 禱 禱

- 祈禱(기도) : 신이나 부처에게 비는 일.
- 默禱(묵도) : 말 없이 마음속으로 기도함.

禾部(벼화부)

② **私** 사사 **사** ｜ ′ 二 千 禾 禾 私 私

- **私見(사견)** : 자기 혼자의 의견.
- **私淑(사숙)** : 직접 가르침을 받지는 아니하나, 그 사람을 사모하고 본받아서 도나 학문을 닦음.

② **秀** 빼어날 **수** ′ 二 千 禾 禾 秀 秀

- **秀麗(수려)** : 산수의 경치가 뛰어나고 아름다움.
- **俊秀(준수)** : 재주·지혜·풍채가 뛰어남.

④ **秋** 가을 **추** 千 禾 禾 禾 秋 秋 秋

- **秋收(추수)** : 가을걷이.  예 秋收感謝節(추수감사절)
- **秋波(추파)** : 은근한 정을 나타내는 눈짓.

⑥ **移** 옮길 **이** 二 禾 禾 移 移 移 移

- **移徙(이사)** : 집을 옮김.
- **移牒(이첩)** : 받은 통첩을 다른 곳으로 다시 알림.

⑦ **稅** 세금 **세** 禾 禾 禾 稅 稅 稅 稅

- **稅金(세금)** : 조세(租稅)로 바치는 돈.
- **關稅(관세)** : 국가가 일정한 경계선을 넘는 화물에 대하여 매기

는 조세.

⑦ **稀** 드물 희 | 禾 | 禾 | 秎 | 秎 | 稀 | 稀 | 稀

- **稀少(희소)** : 드물어 얼마 안 되고 적음. 예 稀少價値(희소가치)
- **古稀(고희)** : 일흔 살. 예 古稀宴(고희연)

⑨ **種** 씨 종 | 禾 | 秂 | 秂 | 秎 | 稆 | 種 | 種

- **種類(종류)** : 일정한 질적 특징에 따라 나뉘어지는 부류.
- **播種(파종)** : 논밭에 곡식의 씨앗을 뿌리어 심음.

⑨ **稱** 일컬을 칭 약 称 | 禾 | 禾 | 秎 | 秎 | 稆 | 稱 | 稱

- **稱頌(칭송)** : 공덕을 칭찬하여 기림.
- **稱讚(칭찬)** : 잘한다고 치켜줌.

⑩ **穀** 곡식 곡 | 吉 | 壴 | 橐 | 稁 | 穀 | 穀 | 穀

- **穀物(곡물)** : 주식으로 하는 곡식. 쌀·보리·조·콩 따위의 총칭.
- **五穀(오곡)** : 쌀·보리·조·콩·기장의 다섯 가지 곡식.

⑪ **積** 쌓을 적 | 禾 | 秺 | 秺 | 積 | 積 | 積 | 積

- **積載(적재)** : 물건을 쌓아 실음.
- **露積(노적)** : 한데에 쌓아둔 곡식.

穴部(구멍혈부)

③ **空** 빌 공 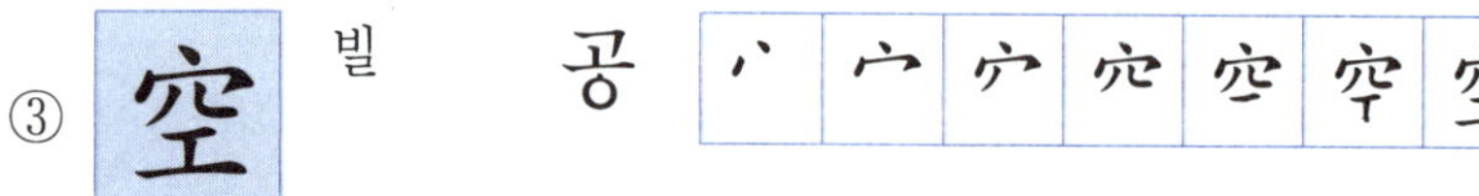

- **空想(공상)** : 이루어질 수 없는 헛된 생각.
- **虛空(허공)** : 아무것도 없이 텅 빈 공중.

④ **突** 부딪칠 돌 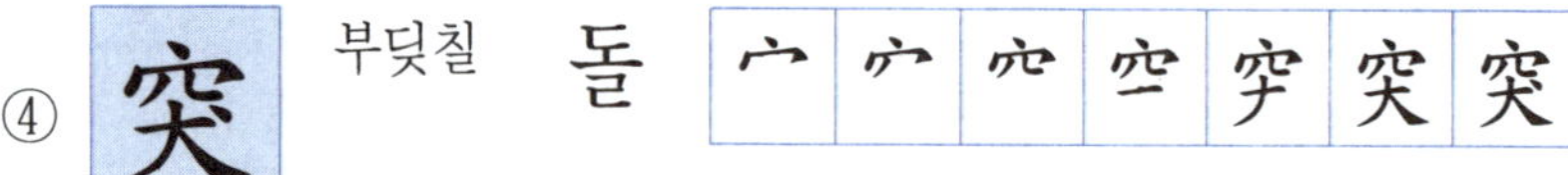

- **突發(돌발)** : 뜻밖에 일어나는 일.
- **猪突(저돌)** : 멧돼지처럼 앞뒤를 헤아리지 않고 앞으로 나아가거나 일을 처리함.

⑩ **窮** 궁핍할 궁 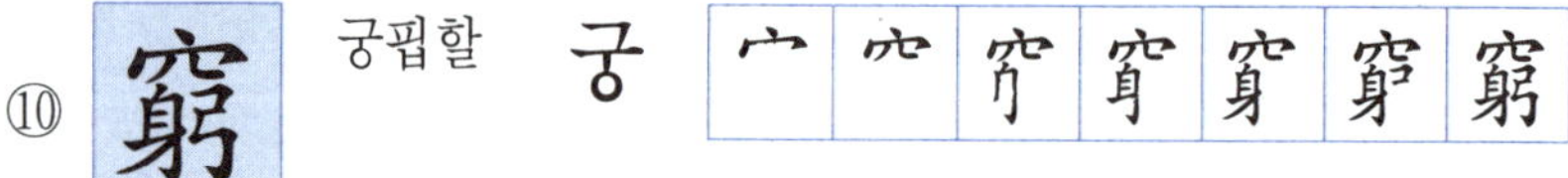

- **窮理(궁리)** : 사물을 처리하거나 밝히기 위하여 따져 헤아리며 깊이 생각함.
- **困窮(곤궁)** : 가난하여 살림이 구차함.

立部(설립부)

⑥ **章** 글 장 　 ㅜ 　立 　产 　音 　音 　章 　章

- **文章(문장)** : 한 줄거리의 느낌을 글자로 기록하여 나타낸 것.
- **序章(서장)** : 첫머리에 해당하는 장(章).

⑦ **童** 아이 동 　ㅜ 　立 　产 　音 　音 　童 　童

- **童心(동심)** : 어린이의 마음.
- **童話(동화)** : 동심을 바탕으로 만든 이야기.

⑦ **竣** 마칠 준 　ㅗ 　立 　圹 　圹 　竣 　竣 　竣

- **竣工(준공)** : 공사를 끝냄. 落成(낙성).
- **竣事(준사)** : 하던 일을 마침.

⑨ **端** 끝 단 　ㅗ 　立 　圹 　圹 　端 　端 　端

- **端緖(단서)** : 일의 처음. 일의 실마리.
- **端正(단정)** : 얌전하고 바름.

⑮ **競** 다툴 경 　ㅜ 　立 　音 　竞 　竞 　競 　競

- **競賣(경매)** : 살 사람이 값을 다투어 부르게 하여 최고액 신청자에게 파는 일.
- **競爭(경쟁)** : 서로 겨루어 다툼. 예 競爭入札(경쟁입찰)

衤部(옷의변부)

⑤ **袖** 소매 **수**　衤　衤　衤　衤　袖　袖

- **袖手(수수)** : 손을 옷 소매 속에 넣음.
- **領袖(영수)** : 여러 사람 가운데서의 우두머리.

⑤ **被** 이불 **피**　衤　衤　衤　衤　衤　被　被

- **被告(피고)** : 소송을 당한 사람. ↔ 原告(원고).
- **被拉(피랍)** : 납치를 당함.

⑦ **補** 기울 **보**　약 朴　衤　衤　衤　衤　補　補　補

- **補缺(보결)** : 비어 모자라는 데를 채움.
- **補職(보직)** : 공무원에게 어떤 직무의 담당을 명함.

⑦ **裕** 넉넉할 **유**　衤　衤　衤　衤　裕　裕　裕

- **裕福(유복)** : 살림이 넉넉함.
- **餘裕(여유)** : 사리를 너그럽게 판단하는 마음이 있음.

⑨ **複** 겹칠 **복**　衤　衤　複　複　複　複　複

- **複利(복리)** : 이자에 다시 이자가 붙는 셈.
- **複雜(복잡)** : 갈피를 잡기 어려울 만큼 얽혀 어수선함. ↔ 簡單
  (간단).

竹部(대죽부)

⓪ 竹 　대　　죽　｜　｜　ㅓ　ㅓ　ㅓ　竹

• 竹筍(죽순) : 대나무의 어리고 연한 싹.
• 竹杖(죽장) : 대로 만든 지팡이. 예 竹杖芒鞋(죽장망혜)

④ 笑 　웃음　　소　ㅅ　ㅅ　ㅆ　ㅆ　竺　笀　笑

• 談笑(담소) : 웃으면서 이야기함.
• 微笑(미소) : 소리를 내지 아니하고 가볍게 웃음.

⑥ 筆 　붓　　필　약 笔

• 筆名(필명) : 글을 써서 발표할 때 쓰는 본명 아닌 다른 이름.
• 達筆(달필) : 글씨를 잘 쓰는 사람.

⑨ 節 　마디　　절　약 节

• 節約(절약) : 아끼어 씀. 儉約(검약).
• 季節(계절) : 일 년을 춘·하·추·동으로 구분한 것.

⑨ 篇 　책　　편

• 玉篇(옥편) : 한문 글자를 차례로 배열하고 그 글자의 음과 새김
　　　　　　을 적어 엮은 책. 字典(자전).
• 長篇(장편) : 긴 글로 한 편을 이룬 글.

⑩ 篤　도타울　독

- 篤農(**독농**) : 농사일에 아주 열성이 많은 농부.
- 敦篤(**돈독**) : 인정이 도타움. 敦厚(돈후).

⑫ 簡　편지　간

- 簡單(**간단**) : 간략하고 단출함.
- 簡便(**간편**) : 간단하고 편리함.

⑬ 簿　장부　부

- 簿記(**부기**) : 한 경제 주체에 딸린 재산의 변동을 기록·계산·
  정리하여 그 결과를 명확하게 하는 방법.
- 帳簿(**장부**) : 금품의 수입·지출을 기록하는 책.

⑭ 籍　서적　적

- 國籍(**국적**) : 일성한 국가의 국민으로서의 신분.
- 地籍(**지적**) : 땅에 대하여 적은 기록.

⑯ 籠　농　롱

- 籠球(**농구**) : 구기(球技)의 한 가지.
- 籠城(**농성**) : 어떠한 목적을 위하여 둘러싸고 그 자리를 떠나지
  않고 있음.

米部(쌀미 부)

④ **粉** 가루 분 | 丷 丬 米 米 粉 粉 粉

- **粉碎(분쇄)** : 아주 잘게 부스러뜨림.
- **粉食(분식)** : 가루 음식. 또는 그것을 먹음.

⑧ **精** 정할 정 | 丷 丬 米 米 粁 精 精

- **精誠(정성)** : 참되고 성실한 마음.
- **精銳(정예)** : 썩 날래고 용맹스러움.

⑩ **糖** 사탕 당 | 米 糒 糘 糖 糖 糖 糖

- **糖尿病(당뇨병)** : 소변에 당분이 많이 포함되어 나오는 병.
- **糖分(당분)** : 사탕질의 성분.

糸部(실사부)

② **糾** 살필 **규**

- **糾彈(규탄)** : 죄를 적발하여 비난하고 탄핵함.
- **糾合(규합)** : 흩어진 사람을 한데 모음.

③ **紀** 벼리 **기**

- **紀綱(기강)** : 나라를 다스리는 법도. 국가의 법.
- **紀行(기행)** : 여행에서 듣고 본 것을 기록한 글.

③ **約** 약속할 **약**

- **約束(약속)** : 장래의 일에 대하여 상대자와 서로 결정하여 둠.
- **約婚(약혼)** : 결혼하기로 약속함. 예 約婚式(약혼식)

④ **納** 들일 **납**

- **納得(납득)** : ① 이해함. ② 일의 내용을 잘 알아차림.
- **納付(납부)** : 관공서에 돈을 바침.

④ **紡** 실뽑을 **방**

- **紡織(방직)** : 실을 뽑는 것과 피륙을 짜는 일. 예 紡織工業(방직공업)
- **紡錘(방추)** : 물레의 가락. 실톳을 올리는 것.

④ **紛** 어지러울 분 | ㄥ ㄥ 糸 糸 糹 紛 紛

- **紛糾(분규)** : 일이 뒤얽혀 말썽이 많고 시끄러움.
- **紛爭(분쟁)** : 말썽을 일으켜 시끄럽게 다툼.

④ **索** 찾을 색 | 十 击 击 击 索 索 索

- **索引(색인)** : 책 속의 항목을 빨리 찾도록 만든 목록.
- **探索(탐색)** : 감추어진 사실이나 실종한 범인의 행방 등 그 죄상을 살펴 캐어냄.

④ **素** 흴 소 | 主 主 主 素 素 素 素

- **素朴(소박)** : 꾸밈이 없이 그대로임.
- **素質(소질)** : 본디부터 타고난 성질.

④ **純** 순수할 순 | ㄥ ㄥ 糸 紅 紅 純 純

- **純潔(순결)** : 아주 깨끗함. 예 純潔敎育(순결교육)
- **純眞(순진)** : 마음이 꾸밈이 없이 참됨.

⑤ **累** 여러 루 | 田 田 田 累 累 累 累

- **累計(누계)** : 많은 수를 처음부터 몰아 합쳐감.
- **累名(누명)** : 더러워진 이름. 汚名(오명).

⑤ **細** 가늘 세 | ㄥ 糸 糹 紐 細 細 細

- **細菌(세균)** : 육안으로는 볼 수 없는 작은 균.
- **細心(세심)** : 자세히 주의하는 마음. 操心(조심).

⑤ **紹** 이을 소

- **紹介(소개)** : 모르는 사이를 알도록 관계를 맺어줌. 예 紹介狀
  (소개장)
- **紹興(소흥)** : 계승하여 흥하게 함.

⑤ **組** 짤 조

- **組閣(조각)** : 내각을 조직함.
- **組織(조직)** : 단체를 구성하여 통일체로 되는 것.

⑤ **終** 마칠 종

- **終結(종결)** : 끝을 냄. 일을 마침. 終了(종료).
- **臨終(임종)** : 사람의 목숨이 끊어지려 할 때.

⑥ **結** 맺을 결

- **結果(결과)** : 어떤 행위로 이루어진 결말. ↔ 原因(원인).
- **結緣(결연)** : 인연을 맺음. 예 姉妹結緣(자매결연)

⑥ **給** 줄 급

- **給水(급수)** : 물을 공급함. 또는 그 물.
- **給食(급식)** : 식사를 제공함.

⑥ **絶** 끊을 절

- **絶望(절망)** : 모든 희망이 아주 끊어짐.
- **絶讚(절찬)** : 더할 나위 없이 칭찬함.

⑥ **統** 거느릴 통

- **統率(통솔)** : 온통 몰아서 거느림.
- **統合(통합)** : 모두 합쳐서 하나로 모음.

⑦ **經** 경서 경 약 経

- **經濟(경제)** : 인간의 공동 생활을 유지·발전시키기 위해 필요한 물질적 재화와 서비스의 생산·유통·소비의 활동.
- **經驗(경험)** : 실제로 보고 듣고 겪음.

⑧ **綱** 벼리 강

- **綱領(강령)** : 일의 으뜸되는 줄거리를 이르는 말.
- **綱目(강목)** : 사물을 분류 정리하는 강(綱)과 목(目).

⑧ **緊** 긴요할 긴

- **緊張(긴장)** : 정신을 바싹 차림. ↔ 弛緩(이완).
- **緊縮(긴축)** : 바싹 줄임. 예 緊縮財政(긴축재정)

⑧ **綠** 푸를 록 약 緑

- **綠陰(녹음)** : 푸른 나뭇잎의 그늘.
- **新綠(신록)** : 초목의 새로 나온 잎의 푸른 빛.

⑧ **網** 그물 **망** 약 网 糸 糹 糿 網 網 網 網

- **網羅(망라)** : 빠짐없이 모음. 예 總網羅(총망라)
- **網紗(망사)** : 그물코처럼 성기게 짠 깁.

⑧ **維** 맬 **유** 糸 糸 糸 紆 紆 維 維

- **維新(유신)** : 모든 것이 개혁되어 새롭게 됨.
- **維持(유지)** : 지탱하여 나감. 지탱하여 가짐.

⑧ **綴** 이을 **철** 糸 級 級 級 綴 綴 綴

- **綴字(철자)** : 자음과 모음을 맞추어서 한 글자를 만듦. 또는 그 글자. 예 綴字法(철자법)
- **雜綴(잡철)** : 여러 가지를 한데 철하여 놓은 것.

⑧ **綻** 옷 터질 **탄** 糸 糸 紵 紵 綻 綻 綻

- **綻露(탄로)** : 비밀이 드러남. 비밀을 드러냄.
- **破綻(파탄)** : 일이 원만하게 해결되지 않고 중도에서 그릇됨.

⑨ **練** 익힐 **련** 약 練 糸 糸 紅 紳 絤 練 練

- **練兵(연병)** : 군대를 훈련함. 예 練兵場(연병장)
- **練日(연일)** : 날을 가림. 擇日(택일).

⑨ **緒** 실마리 **서** ‖ 糸 糺 紗 紗 紂 緒 緒

- **緒論(서론)** : 본론의 머리말이 되는 논설. 序論(서론).
- **端緒(단서)** : 일의 실마리. 문제 해결의 실마리.

⑨ **緣** 인연 **연** ‖ 糸 緣 緣 緣 緣 緣 緣
　　　　　약 縁

- **緣分(연분)** : 부부가 될 수 있는 인연.  天生緣分(천생연분)
- **緣由(연유)** : 까닭. 관계.

⑨ **緩** 느릴 **완** ‖ 糸 糸 緝 緝 緩 緩 緩

- **緩慢(완만)** : 모양이나 행동이 느릿느릿함.
- **弛緩(이완)** : 풀리어 늦추어짐. ↔ 緊張(긴장).

⑨ **編** 엮을 **편** ‖ 糸 糸 紵 紵 絹 編 編

- **編物(편물)** : 털실 따위를 손으로 짜서 의류를 만듦. 또는 그 물건.
- **編輯(편집)** : 재료를 수집하여 책·신문 등을 엮음.

⑪ **繁** 번성할 **번** ‖ 毎 毎 敏 敏 繁 繁 繁

- **繁盛(번성)** : 형세가 늘어나 잘됨.
- **繁華(번화)** : 번성하고 화려함. 예 繁華街(번화가)

⑪ **總** 거느릴 **총** ‖ 糸 絇 絢 總 總 總 總
　　　　　약 総

- **總角(총각)** : 결혼하지 않은 남자. ↔ 處女(처녀).
- **總括(총괄)** : 통틀어 하나로 뭉침.

⑪ 縮 오그라들 축

- **縮小(축소)** : 줄여 작게 함. ↔ 擴張(확장).
- **伸縮(신축)** : 늘어나고 줄어듦.

⑫ 織 짤 직

- **織物(직물)** : 온갖 피륙의 총칭.
- **組織(조직)** : 여러 요소들이 모여 질서 있는 통일체를 이룸.

羽部(깃 우 부)

⓪ 羽 깃 우 ｜ ｝ ｝ 羽 羽 羽

- 羽毛(우모) : 깃에 붙어 있는 새털.
- 羽翼(우익) : ① 새의 날개. ② 도와 받듦. 또는 그 사람.

④ 翁 늙은이 옹 公 兮 兮 兮 翁 翁 翁

- 翁媼(옹온) : 할아버지와 할머니.
- 翁主(옹주) : 임금의 후궁에서 난 딸. ↔ 公主(공주).

⑩ 翰 붓 한 古 白 卓 軡 幹 翰 翰

- 翰林(한림) : 학자들. 예 翰林院(한림원)
- 書翰(서한) : 편지. 書簡(서간).

⑪ 翼 날개 익 ヨ 羽 羿 翟 翼 翼 翼

- 輔翼(보익) : 도와서 좋은 데로 인도함.
- 羽翼(우익) : ① 날개. ② 도와 받드는 사람.

⑫ 翻 펄럭일 번 禾 釆 番 畓 翻 翻 翻

- 翻譯(번역) : 표현된 문장을 다른 나라 말로 옮김.
- 翻意(번의) : 가졌던 의사를 뒤집음.

耳部(귀이부)

⑩ 耳　귀　이　｜一｜丁｜丆｜Ｆ｜𦣝｜耳｜

- **耳目(이목)** : ① 귀와 눈. ② 남들의 주의(注意).
- **耳順(이순)** : 예순 살. 공자가 예순 살에 남의 말을 들으면 온전히 이해할 수가 있게 되었다는 데서 유래한 말.

⑦ 聘　부를　빙　｜耳｜耵｜聇｜聐｜聑｜聘｜聘｜

- **聘母(빙모)** : 아내의 친정 어머니. 丈母(장모).
- **招聘(초빙)** : 예를 갖추어 불러 맞아들임.

⑦ 聖　성인　성　｜耳｜耵｜耴｜聖｜聖｜聖｜聖｜

- **聖經(성경)** : 성인이 지은 책.
- **樂聖(악성)** : 고금에 뛰어난 대음악가.

⑧ 聞　들을　문　｜卩｜門｜門｜門｜門｜聞｜聞｜

- **見聞(견문)** : 듣거나 보거나 하여 깨달아 얻은 지식.
- **風聞(풍문)** : 세상에 떠도는 소문을 말함.

⑪ 聲　소리　성　[약]声　｜声｜声｜声｜殸｜聲｜聲｜聲｜

- **聲明(성명)** : 공언(公言)하여 의사를 분명하게 밝힘.
- **聲援(성원)** : 소리쳐서 사기를 북돋워 줌.

⑪　**聰**　귀밝을　총　　耳　耶　耶　聎　聰　聰　聰

- **聰明(총명)** : 슬기롭고 도리에 밝음.
- **聰敏(총민)** : 슬기롭고 민첩함.

⑫　**職**　직분　직　　耳　耶　耶　聘　聘　職　職

- **職分(직분)** : 마땅히 해야 할 본분.
- **職責(직책)** : 직무상의 책임.

⑯　**聽**　들을　청　　耳　耳　聼　聼　聼　聼　聽
　　　　약 聽

- **聽覺(청각)** : 소리를 듣는 감각. 예 視聽覺(시청각)
- **聽衆(청중)** : 연설 따위를 듣는 사람들.

肉(月)部(고기 육부)

⓪ 肉 　고기 육　｜ 冂 内 内 肉 肉

- **肉聲(육성)** : 기구를 통하지 않고 직접 들리는 사람의 목소리.
- **肉膾(육회)** : 살코기를 잘게 썰어서 갖은 양념을 한 회.

③ 肝 　간 간　丿 刀 月 月 肝 肝 肝

- **肝膽(간담)** : ① 간과 쓸개. ② 마음. 충심(衷心).
- **肝腸(간장)** : ① 간장과 창자. ② 몹시 애타는 마음.

③ 肖 　같을 초　丨 丷 丷 丷 肖 肖 肖

- **肖像(초상)** : 그림 따위에 나타난 어떤 사람의 얼굴이나 모습.
- **不肖(불초)** : 아버지의 덕망이나 유업을 이어받지 못함. 또는 그러한 사람.

④ 肥 　살찔 비　刀 月 月 肥 肥 肥 肥

- **肥大(비대)** : 살이 쪄서 몸이 크고 뚱뚱함.
- **肥沃(비옥)** : 땅이 기름짐.

④ 育 　기를 육　亠 亠 云 产 育 育 育

- **育成(육성)** : 길러서 키움. 養成(양성).
- **育英(육영)** : 영재를 교육함. 예 育英事業(육영사업)

⑤ 背 등 배 ㅓ ㅓ 北 北 北 背 背

- **背叛(배반)** : 신의를 저버리고 돌아섬.
- **背恩(배은)** : 은혜를 저버림. 예 背恩忘德(배은망덕)

⑥ 能 능할 능 厶 台 育 育 能 能 能

- **能率(능률)** : 일정한 시간 내에 이룰 수 있는 일의 비율.
- **本能(본능)** : 생물이 선천적으로 가지고 있는 동작이나 운동.

⑥ 脈 맥 맥 예 脉 月 彤 肵 肵 脈 脈 脈

- **脈搏(맥박)** : 심장 박동에 의해 생기는 진동이 말초 혈관으로 전파되는 것.
- **血脈(혈맥)** : 몸 안의 피가 도는 줄기.

⑥ 脅 으를 협 力 力 恊 恊 脅 脅 脅

- **脅迫(협박)** : 으르고 다잡음.
- **威脅(위협)** : 위력(威力)으로 으르고 협박함.

⑦ 脚 다리 각 几 月 肝 肤 肤 脚 脚

- **脚本(각본)** : ① 시나리오. ② 극본(劇本).
- **脚線美(각선미)** : 다리의 곡선미.

⑦ 脱 벗을 탈 月 肜 肜 脟 脫 脫 脫

- **脫稿**(**탈고**) : 원고 쓰기를 끝냄.
- **脫營**(**탈영**) : 군인이 병영을 빠져 나와 도망감.

⑨ 腹 ^배 복　月　𣎴　𦙍　胪　腹　腹　腹

- **腹案**(**복안**) : 마음속에 품고 있는 생각.
- **心腹**(**심복**) : 극히 믿을 수 있는 부하.

舟部(배주부)

① 舟   배   주   ＇ ／ 刀 刀 月 舟

- **同舟(동주)** : 배를 같이 탐. 예 吳越同舟(오월동주)
- **偏舟(편주)** : 작은 배. 예 一葉偏舟(일엽편주)

④ 般   돌이킬   반   月 月 舟 舟 舩 船 般

- **一般(일반)** : 두루 널리 미침. 普遍(보편).
- **全般(전반)** : 통틀어 모두. 諸般(제반).

④ 航   건널   항   月 月 舟 舟 舟 舟 航

- **航海(항해)** : 배를 타고 바다를 건넘.
- **出航(출항)** : 배가 항해를 떠남.

⑤ 船   배   선   月 舟 舟 舟 舟 船 船

- **船舶(선박)** : 배의 총칭.
- **船積(선적)** : 선박에 화물을 싣는 일.

⑦ 艇   거룻배   정   舟 舟 舟 舟 艇 艇 艇

- **小艇(소정)** : 작은 배.
- **艦艇(함정)** : 군함의 총칭.

虍部(범호엄부)

② **虎** 범 호 ｜ ⺊ ⼾ 虍 虎 虎 虎

- **虎視(호시)** : 범과 같이 날카로운 눈초리로 사방을 둘러봄. 예
  虎視耽耽(호시탐탐)
- **虎穴(호혈)** : 범이 사는 굴.

⑤ **處** 곳 처 [약] 処 广 虍 虍 虍 虍 處 處

- **處女(처녀)** : 시집가지 않은 성숙한 여자.
- **處罰(처벌)** : 형벌에 처함. 벌을 줌.

⑥ **虜** 사로잡을 로 [약] 虏 广 虍 虜 虜 虜 虜 虜

- **虜掠(노략)** : 떼를 지어 사람을 사로잡고 재물을 약탈함.
- **捕虜(포로)** : 전투에서 사로잡은 적의 군사.

⑥ **虛** 빌 허 [약] 虚 广 虍 虍 虛 虛 虛 虛

- **虛費(허비)** : 쓸데없는 비용을 씀.
- **虛勢(허세)** : 실상이 없는 기세.

⑦ **號** 부르짖을 호 [약] 号 号 号 號 號 號 號 號

- **號令(호령)** : ①지휘하는 명령. ②큰 소리로 꾸짖음.
- **雅號(아호)** : 예술가·학자 등이 본명 외에 가리는 별호.

虫部(벌레 훼 부)

⑤ **蛇** 뱀 **사**   口 中 虫 虫 虫 蛇 蛇

- **蛇足(사족)** : 뱀의 발을 그린다는 뜻으로, '쓸데없는 군더더기를 덧붙임'을 말함. 畫蛇添足(화사첨족)의 준말.
- **長蛇陳(장사진)** : 많은 사람이 길게 줄지어 늘어선 모양.

⑧ **蜜** 꿀 **밀**   少 宓 宓 容 审 蜜 蜜

- **蜜語(밀어)** : 달콤한 말. 특히 남녀간의 정담(情談).
- **蜜月(밀월)** : 결혼 직후의 즐겁고 달콤한 동안.

⑩ **融** 녹을 **융**   弓 弓 弓 鬲 融 融 融

- **融資(융자)** : 자본을 융통함.
- **融和(융화)** : 서로 어울려서 화목하게 됨.

⑩ **螢** 개똥벌레 **형**   火 炏 兴 炏 炏 螢 螢

- **螢光(형광)** : 반딧불. 예 螢光燈(형광등)
- **螢雪(형설)** : 고학으로 애써 공부함. 예 螢雪之功(형설지공)

⑪ **蟄** 숨을 **칩**   㚔 㚔 執 執 蟄 蟄 蟄

- **蟄居(칩거)** : 나가서 활동하는 일 없이 집에서 죽치고 있음.
- **驚蟄(경칩)** : 24절기의 셋째. 동면하던 벌레들이 깨어 놀란다는 뜻.

血部(피혈부)

⓪ **血** 피 혈 ＼ ＜ ㄇ 血 血 血

- **血氣**(**혈기**) : 격동하기 쉬운 의기. 예 血氣旺盛(혈기왕성)
- **血鬪**(**혈투**) : 죽기 아니면 살기로 덤벼들어 싸움.

⑥ **衆** 무리 중 血 血 血 衆 衆 衆 衆

- **衆寡**(**중과**) : 많음과 적음. 예 衆寡不敵(중과부적)
- **大衆**(**대중**) : 수많은 여러 사람.

衣部(옷의부)

⑩ **衣** 옷 의　｀ 一 ナ 才 右 衣

- **衣冠(의관)** : 옷과 갓. 예의가 바른 풍속.
- **白衣(백의)** : 벼슬이 없는 선비. 예 白衣從軍(백의종군)

③ **表** 거죽 표　十 丰 主 丰 丰 表 表

- **表決(표결)** : 회의할 때에 가부의 의사를 표시하여 결정함.
- **辭表(사표)** : 어떤 직에서 물러나겠다는 뜻을 적은 글.

⑥ **裂** 찢을 렬　歹 列 列 剠 裂 裂 裂

- **裂傷(열상)** : 피부에 입은 찢어진 상처.
- **分裂(분열)** : 찢어져 갈라짐. 예 四分五裂(사분오열)

⑥ **裁** 마를 재　土 丰 丰 耒 裁 裁 裁

- **裁縫(재봉)** : 옷감을 마르고 꿰매고 하여 옷을 만드는 일. 바느질.
- **獨裁(독재)** : 단독으로 사물을 재결(裁決)함.

⑦ **裝** 꾸밀 장　爿 壯 壯 壯 裝 裝 裝
　약 装

- **裝備(장비)** : 부속품·비품 따위를 장치함.
- **裝幀(장정)** : 책의 겉모양을 꾸미어 만듦. 또는 그 꾸밈새.

⑧ 製 지을 제   二 丨 牛 制 製 製 製

- **製作(제작)** : ① 물건을 만듦. ② 글을 지음.
- **製品(제품)** : 자료를 써서 만들어 낸 물건.

⑯ 襲 엄습할 습   亠 音 音 龍 龍 龍 襲

- **襲擊(습격)** : 갑자기 적을 엄습하여 공격함.
- **世襲(세습)** : 신분·직업·재산 등을 한 집안에서 대대로 물려받는 것.

見部(볼견부)

⓪ 見 볼 견 〔약〕见

ㅣ	丨	刀	冂	月	目	見

- 見解(견해) : 자기 의견으로 본 해석.
- 邪見(사견) : 올바르지 않은 의견.

④ 規 법 규

킈	夫	刦	刦	扣	规	規

- 規格(규격) : 품질·치수 따위를 규정한 표준.
- 例規(예규) : 관례(慣例)로 되어 있는 규칙.

⑤ 視 볼 시

衤	衤	初	神	神	視	視

- 視覺(시각) : 보는 감각 작용.
- 視察(시찰) : 돌아다니며 실지 사정을 살펴봄.

⑨ 親 친할 친 〔약〕亲

立	亲	新	新	親	親	親

- 親權(친권) : 신상·재산상의 보호, 감독을 하는 권리와 의무.
- 親知(친지) : 친하게 아는 사람. 親友(친우).

⑬ 覺 깨달을 각 〔약〕覚

臼	臼	與	學	毃	覺	覺

- 覺書(각서) : 어떠한 약속을 잊어버리지 않게 하기 위하여 기록해 둔 문서.
- 覺醒(각성) : 잘못을 깨달아 정신을 차림.

⑱ **觀** 볼 **관**
약 観

| ⺮ | 岦 | 喆 | 茐 | 雚 | 雚見 | 觀 |

- **觀望(관망)** : 되어 가는 형편을 제삼자의 처지에서 바라봄.
- **達觀(달관)** : 사물에 널리 통달한 식견이나 관찰.

言部(말씀언부)

① 言 말씀 언

- 言及(언급) : 어떤 문제에 대하여 말함.
- 食言(식언) : 언약한대로 실행하지 않음.

② 計 셈할 계

- 計算(계산) : 수량을 헤아림. 셈함.
- 計畫(계획) : 꾀하여 미리 작정함.

③ 記 기록할 기

- 記念(기념) : 오래도록 기억하여 잊지 않음.
- 記者(기자) : 신문·잡지 등의 기사를 쓰거나 편집하는 사람.

③ 託 부탁할 탁

- 付託(부탁) : 남에게 의뢰함.
- 信託(신탁) : 신용하여 맡김. 예 信託統治(신탁통치)

③ 討 칠 토

- 討論(토론) : 정당한 이치를 말하며 의논함.
- 聲討(성토) : 여러 사람이 모여 어떤 잘못을 토론하여 규탄함.

④ 訣 이별할 결 ｜ 言 言 訁 訁 訣 訣

- **訣別(결별)** : 기약 없는 작별.
- **秘訣(비결)** : 숨겨 두고 혼자만이 쓰는 썩 좋은 방법.  土亭秘
  訣(토정비결)

④ 設 베풀 설 ｜ 言 言 訁 訐 設 設

- **設令(설령)** : 그렇다 치더라도. 가령.
- **設問(설문)** : 문제를 내어 물어봄.

④ 訟 송사할 송 ｜ 言 言 言 訂 訟 訟

- **訟事(송사)** : 분쟁을 관청에 호소하여 그 판결을 구하는 일.
- **訴訟(소송)** : 법률상의 판결을 법원에 요구하는 절차. 예 訟事
  (송사)

⑤ 詐 속일 사 ｜ 言 言 訁 訐 許 詐

- **詐欺(사기)** : 거짓말을 하여 남을 속이는 것.
- **詐稱(사칭)** : 성명·직명 등을 속여 일컬음.

⑤ 診 진찰할 진 ｜ 言 言 訁 訡 診 診

- **診察(진찰)** : 의사가 환자의 병의 원인과 증상을 살펴봄. 예 診
  察券(진찰권)
- **往診(왕진)** : 의사가 환자 집에 가서 진찰함.

⑤ 評 평론할 평

· 評價(평가) : 물건의 값을 정함. 예 評價表(평가표)
· 批評(비평) : 남의 결점을 드러내어 퍼뜨림.

⑥ 試 시험할 시

· 試掘(시굴) : 시험 삼아 파봄.
· 試驗(시험) : 성질·능력 따위를 실지로 따져서 알아봄.

⑥ 該 그 해

· 該當(해당) : ① 무엇에 관계되는 바로 그것. ② 바로 들어맞음.
· 該博(해박) : 학문과 지식에 널리 통함.

⑥ 話 말할 화

· 話術(화술) : 말의 재주. 말하는 기교.
· 對話(대화) : 서로 마주 하는 이야기. ↔ 獨白(독백).

⑦ 說 말씀 설 / 달랠 세

· 說服(설복) : 알아듣도록 타일러 그리 믿게 함.
· 遊說(유세) : 각처로 돌아다니면서 자기의 주장을 설명하고 선전하는 것.

⑦ 誠 정성 성

- **誠實**(성실) : 정성스럽고 참되어 거짓이 없는 것.
- **至誠**(지성) : 지극한 정성. 예 至誠感天(지성감천)

⑦ 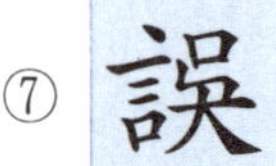 그르칠 오 言 言 訂 訂 誤 誤 誤

- **誤判**(오판) : 잘못 판단함. 誤審(오심).
- **誤解**(오해) : 뜻을 잘못 이해함.

⑦  인정할 인 言 言 訂 訶 訶 認 認

- **認定**(인정) : 옳다고 믿고 정함.
- **默認**(묵인) : 말 없는 가운데 넌지시 승인함.

⑦  태어날 탄 言 訂 訌 証 証 誕 誕

- **誕辰**(탄신) : 생일(生日).
- **聖誕**(성탄) : 성인이나 임금의 탄생.

⑧ 論 논의할 론 言 訢 訡 訡 論 論 論

- **論告**(논고) : ① 자기가 아는 바를 논술하여 알림. ② 검사가 피고
  의 범죄 사실과 법률의 적용에 관한 의견의 진술.
- **論說**(논설) : 사물을 평론하고 설명하는 일.

⑧ 調 고를 조 言 訂 訓 調 調 調 调

- **調理**(조리) : 음식을 잘 맞추어 요리함.
- **調査**(조사) : 실정을 살펴서 알아봄.

⑧ **請** 청할 **청** [약] 請
言 言 請 請 請 請 請

- **請負(청부)** : 도급(都給)으로 일거리를 맡는 것. [예] 請負業者(청부업자)
- **請牒(청첩)** : 경사에 손님을 청하는 글.

⑨ **謀** 꾀할 **모**
言 計 謀 謀 謀 謀 謀

- **謀略(모략)** : 남을 해치려고 쓰는 꾀. [예] 中傷謀略(중상모략)
- **謀陷(모함)** : 여러 가지 꾀를 써서 남을 어려움에 빠뜨림.

⑨ **謁** 아뢸 **알**
言 訂 訂 訝 謁 謁 謁

- **謁見(알현)** : 신분이 높은 사람을 만나 뵙는 일.
- **拜謁(배알)** : 절하고 뵘. 높은 어른을 뵘.

⑨ **諜** 염탐할 **첩**
言 計 計 諜 諜 諜 諜

- **諜者(첩자)** : 간첩. 스파이.
- **諜報(첩보)** : 적의 형편을 정탐하여 자기 편에 알려줌. [예] 諜報隊(첩보대)

⑨ **諷** 욀 **풍**
言 訊 訊 諷 諷 諷 諷

- **諷詠(풍영)** : 시가(詩歌) 등을 외워 읊조림.
- **諷刺(풍자)** : 빗대고 비유하는 뜻으로, 사회·인물 등의 결함을 찔러 말함. [예] 諷刺小說(풍자소설)

⑩ 講 익힐 강
약 讲

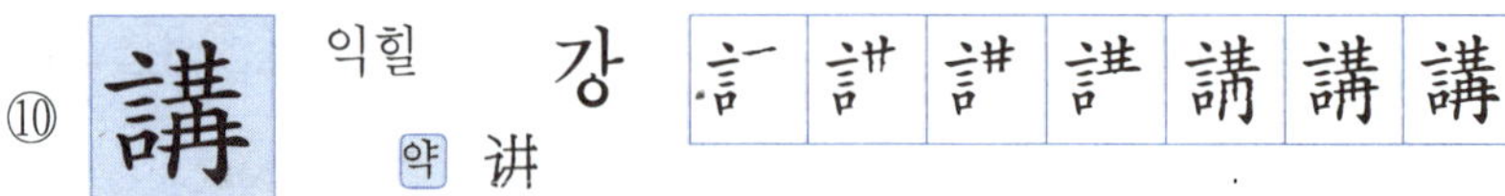

- **講究(강구)** : 좋은 방법을 조사하여 궁리함.
- **受講(수강)** : 강의를 받음. 예 受講生(수강생)

⑩ 謙 겸손할 겸

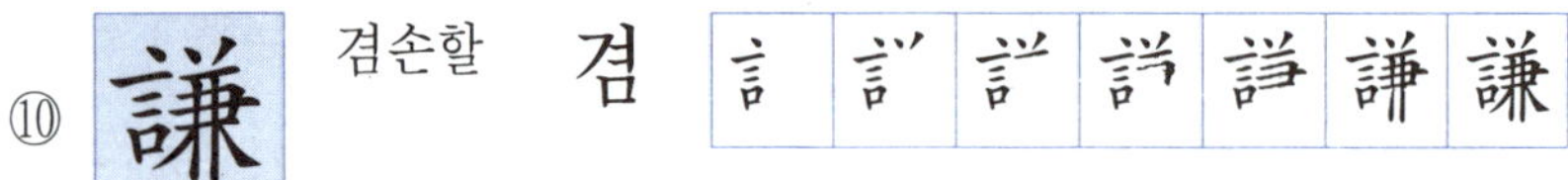

- **謙讓(겸양)** : 겸손한 태도로 사양함.
- **謙虛(겸허)** : 겸손하게 제 몸을 낮추어 교만한 기가 없음.

⑩ 謝 사례할 사

- **謝恩(사은)** : 받은 은혜에 대하여 사례함. 예 謝恩會(사은회)
- **謝絕(사절)** : 거절함. 물리침.

⑩ 謠 노래 요
약 謡

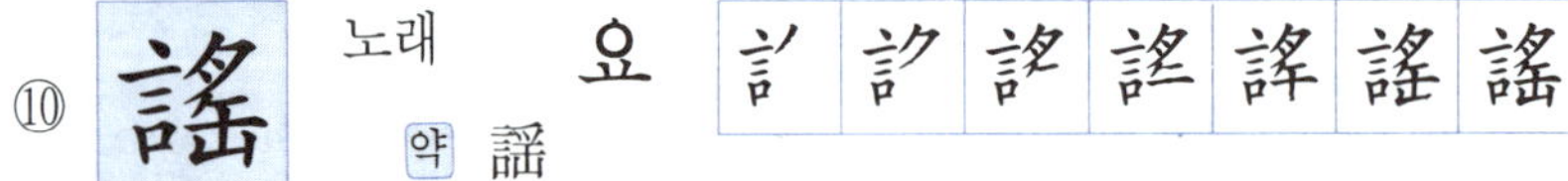

- **歌謠(가요)** : 민요·동요·속요·유행가 등의 총칭.
- **童謠(동요)** : 어린이들의 생활 감정이나 심리를 나타낸 노래.

⑪ 謹 삼갈 근

- **謹啓(근계)** : '삼가 아룁니다'의 뜻으로 편지 허두에 쓰는 말.
- **謹愼(근신)** : 언행을 삼가서 조심함.

⑫ 識 알 식

- **識字(식자)** : 글자를 아는 일. 예 識字憂患(식자우환)

• 識者(**식자**) : 학식 · 견식, 또는 상식이 있는 사람.

⑫ 證 증거 증 약 証

<table><tr><td>言</td><td>訂</td><td>誇</td><td>證</td><td>證</td><td>證</td><td>證</td></tr></table>

• 證明(**증명**) : 사물의 진상을 증거를 들어 밝힘.
• 證憑(**증빙**) : 증거로 되거나 증거로 삼음.

⑬ 警 경계할 경

<table><tr><td>艹</td><td>芍</td><td>苟</td><td>敬</td><td>警</td><td>警</td><td>警</td></tr></table>

• 警戒(**경계**) : 타일러 주의시킴.
• 警鍾(**경종**) : 사람들이 정신을 차리고 경계하도록 해 주는 사물
  을 비유하여 이르는 말.

⑬ 譯 통변할 역 약 訳

<table><tr><td>訂</td><td>記</td><td>詞</td><td>譯</td><td>譯</td><td>譯</td><td>譯</td></tr></table>

• 飜譯(**번역**) : 어떤 언어로 되어 있는 글을 다른 언어의 글로 옮
  겨놓는 것.
• 通譯(**통역**) : 두 말을 다 아는 사람이 말을 서로 옮겨 뜻을 전하
  여 줌. 또는 그 사람.

⑭ 譽 기를 예 약 誉

<table><tr><td>𦥯</td><td>與</td><td>與</td><td>與</td><td>與</td><td>譽</td><td>譽</td></tr></table>

• 名譽(**명예**) : 세상에서 훌륭하다고 일컬어지는 이름.
• 榮譽(**영예**) : 빛나는 명예. 榮名(영명).

⑭ 護 보호할 호 약 护

<table><tr><td>言</td><td>訁</td><td>詳</td><td>評</td><td>謢</td><td>謢</td><td>護</td></tr></table>

• 護身(**호신**) : 몸을 보호함. 예 護身術(호신술)

⑯ 變 변할 **변**
   [약] 変

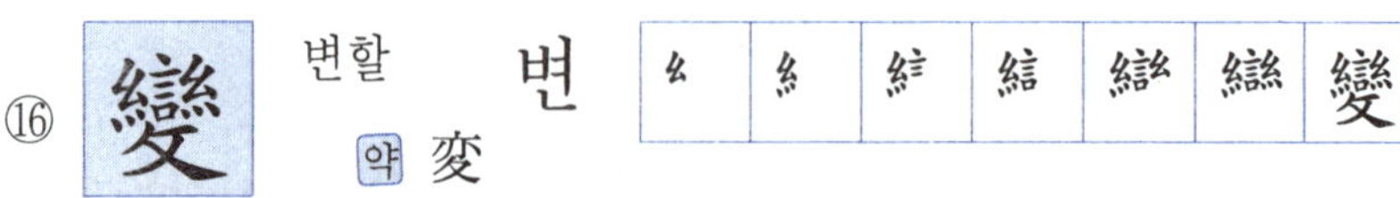

- **變死(변사)** : 병 이외의 재변으로 죽음.
- **逢變(봉변)** : 뜻밖에 변을 당함.

⑰ 讓 사양할 **양**
   [약] 讓

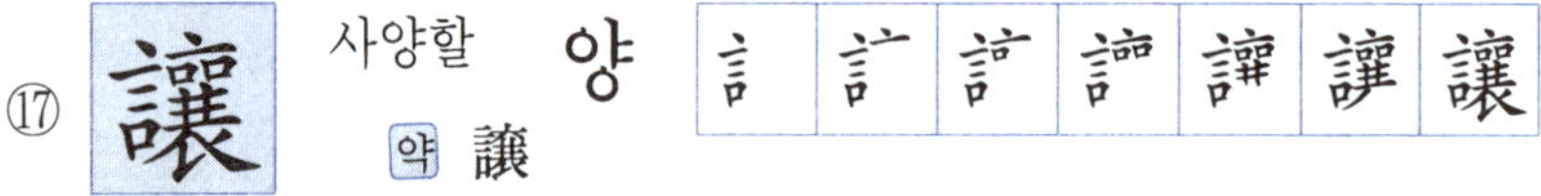

- **讓渡(양도)** : 권리나 이익을 남에게 넘겨줌.
- **讓步(양보)** : 어떤 것을 사양하여 남에게 미루어 줌.

⑲ 讚 기릴 **찬**

- **讚頌(찬송)** : 덕을 기리고 찬양함. [예] 讚頌歌(찬송가)
- **稱讚(칭찬)** : 잘한다고 추켜줌.

貝部(조개 패 부)

② 負 짐질 **부**   ゲ ゲ 角 角 角 自 負

- **負擔(부담)** : 어떤 의무나 책임을 짐.
- **勝負(승부)** : 이김과 짐. 勝敗(승패).

② 貞 곧을 **정**   ト 广 占 占 肖 自 貞

- **貞淑(정숙)** : 여자의 행실이 곧고 마음씨가 맑음.
- **貞操(정조)** : 여자의 깨끗한 절개.

③ 財 재물 **재**   月 目 貝 貝 貝 財 財

- **財閥(재벌)** : 경제계에서 큰 세력을 가진 자본가의 무리.
- **財産(재산)** : 개인이나 기관에 속하여 그의 소유로 금전적 가치가 있는 것을 통틀어 일컫는 말.

④ 貫 꿸 **관**   口 毌 毌 毌 貫 貫 貫

- **貫徹(관철)** : 어려운 일을 기필코 뚫고 나가 목적을 이룸.
- **貫鄕(관향)** : 시조가 난 땅. 本貫(본관).

④ 貧 가난할 **빈**   八 分 分 咨 咨 貧 貧

- **貧富(빈부)** : 가난한 사람과 부자.
- **貧血(빈혈)** : 체내의 혈액이 모자람.

④ **責** 꾸짖을 책

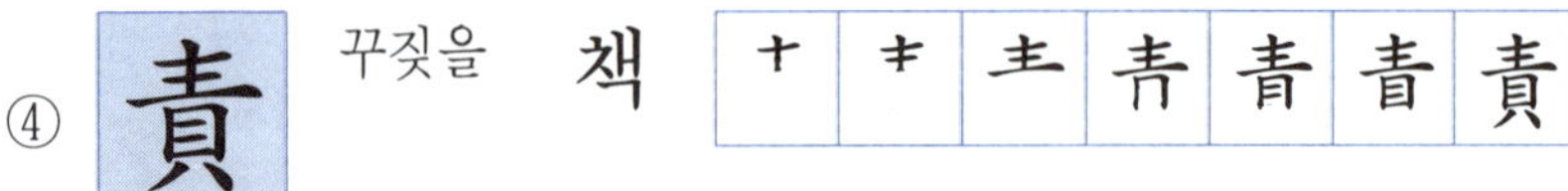

| 十 | 丰 | 圭 | 靑 | 靑 | 靑 | 責 |

- **責望(책망)** : 허물을 꾸짖음.
- **責務(책무)** : 직책과 임무. 책임진 임무.

④ **貪** 탐낼 탐

| 𠆢 | 𠆢 | 今 | 舍 | 盒 | 盒 | 貪 |

- **貪官(탐관)** : 재물을 탐내는 관리. 예 貪官汚吏(탐관오리)
- **貪慾(탐욕)** : 사물을 지나치게 탐내는 욕심.

④ **販** 팔 판

| 月 | 目 | 貝 | 貯 | 貯 | 販 | 販 |

- **販路(판로)** : 상품이 팔리는 방법.
- **市販(시판)** : 시장에서 판매함.

⑤ **貴** 귀할 귀

| 中 | 虫 | 弗 | 弗 | 甞 | 甞 | 貴 |

- **貴重(귀중)** : 귀하고 소중함.
- **貴下(귀하)** : 상대사를 높여 이름 대신 부르는 말.

⑤ **貸** 빌릴 대

| 亻 | 仁 | 代 | 代 | 侪 | 侪 | 貸 |

- **貸付(대부)** : 기한을 정하고 돈을 빌려줌.
- **賃貸(임대)** : 삯을 받고 빌려줌.

⑤ **買** 살 매 약 买

| 冂 | 皿 | 四 | 罒 | 胃 | 胃 | 買 |

- **買收(매수)** : ① 사들임. ② 남의 마음을 사서 자기 편으로 삼음.

• 買票(**매표**) : 차표 · 입장권 따위를 사는 일.

⑤ 貿 무역할 무

• 貿易(**무역**) : 외국과 장사 거래를 함.
• 貿易風(**무역풍**) : 적도를 향해 일 년 내내 끊임없이 부는 바람.

⑤ 費 소비할 비

• 消費(**소비**) : 돈이나 물건 등을 써서 없앰.
• 虛費(**허비**) : 쓸데없는 비용을 씀.

⑤ 貯 쌓을 저

• 貯水(**저수**) : 물을 모아 둠. 예 貯水池(저수지)
• 貯藏(**저장**) : 쌓아서 간직하여 둠.

⑤ 賀 하례할 하

• 賀客(**하객**) : 축하하러 온 손님.
• 祝賀(**축하**) : 즐겁거나 기쁘다는 뜻으로 인사함.

⑥ 賂 뇌물 뢰

• 賂物(**뇌물**) : 권력자에게 몰래 주는 재물.
• 賄賂(**회뢰**) : 권력자에게 비밀히 주는 정당하지 않은 금품.

⑦ 賓 손 빈 약 宾

- 貴賓(귀빈) : 귀한 손님. 지위가 아주 높은 손님.
- 來賓(내빈) : 식장 같은 곳에 찾아온 손님.

⑧ 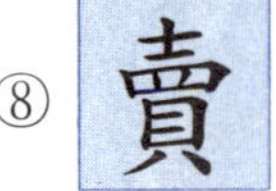 팔   매
[약] 売

- 賣買(매매) : 물건을 팔고 사는 일. 흥정.
- 賣盡(매진) : 모조리 팔림.

⑧  구실   부

- 賦課(부과) : 세금 따위를 매기어 부담하게 하는 일.
- 天賦(천부) : 선천적으로 타고남.

⑧  상줄   상 

- 賞春(상춘) : 봄 경치를 구경하여 즐김.
- 懸賞(현상) : 무엇을 모집하거나 구하거나 사람을 찾는 일 따위
  에 상을 내거는 일.

⑧  바탕   질
[약] 质

- 質疑(질의) : 의심을 물어서 밝힘.
- 人質(인질) : 볼모로 잡힌 사람.

⑧  천할   천
[약] 贱

- 賤待(천대) : 업신여겨 푸대접함.
- 貴賤(귀천) : 부귀와 빈천.

⑧ **賢** 어질 **현**

• **賢明(현명)** : 어질고 영리하여 사리에 밝음.

• **賢人(현인)** : 어질고 총명하여 성인(聖人)의 다음 가는 사람. 賢者(현자).

⑨ **賴** 의지할 **뢰**

약 頼

• **信賴(신뢰)** : 남을 믿고 의지함.

• **依賴(의뢰)** : 남에게 부탁하거나 의지함. 예 依賴心(의뢰심)

⑩ **購** 살 **구**

• **購讀(구독)** : 서적·신문 따위를 사서 읽음.

• **購入(구입)** : 물건을 사들임.

⑫ **贊** 찬성할 **찬**

약 賛

• **贊否(찬부)** : 찬성과 불찬성.

• **贊助(찬조)** : ① 도움. 補助(보조). ② 뜻을 같이하여 도와줌.

赤部(붉을적부)

⓪ 赤 붉을 적　一 十 土 チ 亍 赤 赤

- **赤裸裸(적나라)** : 아무 숨김 없이 본디 모습 그대로임.
- **赤字(적자)** : 수지 결산에서 지출이 수입보다 많은 일. ↔ 黑字
  (흑자).

④ 赦 용서할 사　チ 亍 赤 求 赤 赦 赦

- **赦免(사면)** : 지은 죄를 용서하여 벌을 면제함. 또는 그 일.
- **大赦(대사)** : 국가에 경사가 있을 때 정부에서 죄인을 방면·감
  형하는 일.

走部(달아날주부)

⓪ **走** 달아날 주   一 十 土 土 走 走 走

- **走力(주력)** : 달리는 힘.
- **奔走(분주)** : 마구 달림. 몹시 바쁨의 비유.

③ **起** 일어날 기   土 走 走 起 走 起 起

- **起居(기거)** : 일어섬과 앉아 있음. 곧 일상 생활.
- **起草(기초)** : 글의 초안을 잡음. 起案(기안).

⑤ **越** 넘을 월   土 走 走 走 越 越 越

- **越權(월권)** : 자기 권한 밖의 일을 함.
- **越冬(월동)** : 겨울을 넘김. 겨울을 남.

⑤ **超** 뛰어넘을 초   走 走 走 起 起 超 超

- **超然(초연)** : 어떤 현실 속에서 벗어나 그것에 대하여 전혀 아랑
  곳없음.
- **超人(초인)** : 능력 따위가 보통 사람보다 훨씬 뛰어남.

⑧ **趣** 추창할 취   走 走 走 起 起 趣 趣

- **趣味(취미)** : 마음에 끌려 일정한 방향으로 쏠리는 흥미.
- **趣旨(취지)** : 목적이 되는 속뜻.

⑩ 趨 달릴 추 走 走 赱 赲 趍 趋 趨

- **趨勢(추세)** : 세상이 되어 가는 형편.
- **歸趨(귀추)** : 돌아가는 형편.

足部(발족부)

⓪ **足** 발 족 | ㅣ | ㅁ | ㅁ | 仔 | 仔 | 足 | 足

- **足跡(족적)** : ① 발자국. ② 옛날의 업적.
- **洽足(흡족)** : 넉넉하여 조금도 모자람이 없음.

⑤ **跋** 밟을 발 | 仔 | 仔 | 足 | 足 | 趴 | 跐 | 跋

- **跋文(발문)** : 책의 끝에 적는 글.
- **跋扈(발호)** : 제멋대로 날뜀.

⑥ **路** 길 로 | 仔 | 仔 | 足 | 趴 | 跅 | 路 | 路

- **路線(노선)** : 정해 놓고 통행하는 길.
- **行路(행로)** : 세상을 살아가는 길. 예 人生行路(인생행로)

⑥ **跡** 발자취 적 약 迹 | 仔 | 足 | 趴 | 趷 | 跡 | 跡 | 跡

- **人跡(인적)** : 사람의 발자취.
- **追跡(추적)** : 뒤를 밟아 쫓는 일.

⑧ **踏** 밟을 답 | 仔 | 足 | 趴 | 跼 | 跊 | 踏 | 踏

- **踏査(답사)** : 그곳에 실지로 가서 보고 자세히 조사함.
- **踏襲(답습)** : 선인(先人)의 행적을 그대로 따라 행함.

⑪ 蹟　자취　적　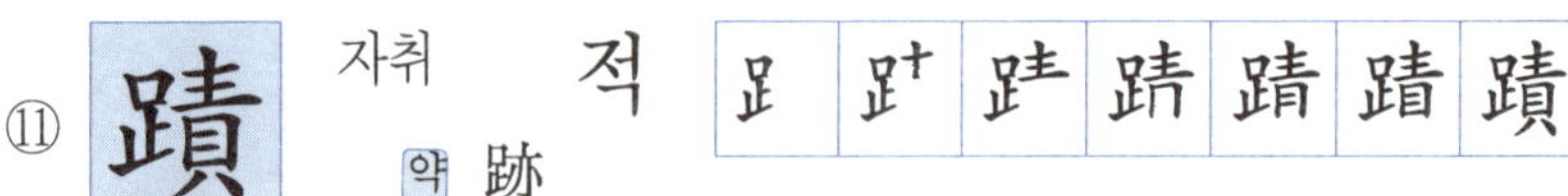

[약] 跡

- **古蹟(고적)** : 옛 물건이 있던 자리. 예 古蹟地(고적지)
- **遺蹟(유적)** : ① 남은 흔적. ② 남아 있는 사적.

⑭ 躍　뛸　약

[약] 跃

- **躍動(약동)** : 생기 있고 활발하게 움직임.
- **躍進(약진)** : 뛰어서 전진함. 힘차게 전진함.

車部(수레거 부)

② **軍** 군사 군   一 冖 冖 冝 冝 冒 軍

- **軍備(군비)** : 국방상의 군사 설비.
- **軍樂(군악)** : 군대에서 쓰이는 음악.

② **軌** 굴대 궤   冖 白 亘 車 軓 軌

- **軌道(궤도)** : 수레바퀴 자국.
- **軌範(궤범)** : 본보기. 법도.

④ **軟** 연할 연   白 亘 車 軟 軟 軟

- **軟禁(연금)** : 신체의 자유는 구속하지 않고 외부와의 연락을 제한·감시하는 정도의 감금.
- **軟弱(연약)** : 연하고 약함.

⑦ **輕** 가벼울 경   車 軻 軺 輊 輊 輕 輕
  약 軽

- **輕率(경솔)** : 언행이 진중하지 아니하고 가벼움.
- **輕快(경쾌)** : 가뜬하고 유쾌함.

⑦ **輓** 수레 끌 만   車 車 軒 軯 軯 軯 輓

- **輓歌(만가)** : 상여를 메고 갈 때 부르는 노래.
- **輓詞(만사)** : 죽은 이를 슬퍼하여 지은 글. 挽詞(만사).

⑦ 輔　도울　보　

- **輔佐(보좌)** : 도움.
- **輔弼(보필)** : 정사(政事)를 도움.

⑧ 輪　바퀴　륜　

- **輪廓(윤곽)** : 테두리나 겉모양.
- **輪禍(윤화)** : 수레바퀴에 의하여 입는 피해. 교통사고.

⑧ 輩　무리　배

- **輩出(배출)** : 떼지어 나옴. 연달아 많이 나옴.
- **先輩(선배)** : 나이·학식 등이 자기보다 많거나 나은 사람.

⑨ 輸　실어낼　수　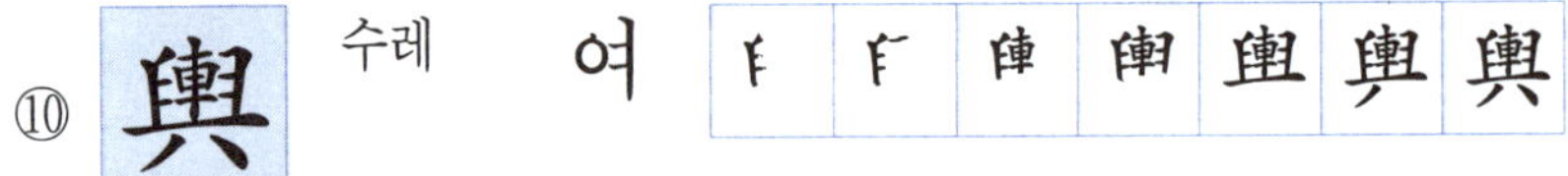
약 輸

- **輸送(수송)** : 기차·비행기·배로 사람이나 물건을 실어 보냄.
- **輸出(수출)** : 외국으로 재화(財貨)를 팔아 실어냄. ↔ 輸入(수입).

⑩ 輿　수레　여

- **輿論(여론)** : 일반적으로 공통되는 공론(公論).
- **輿地(여지)** : 땅. 大地(대지).

⑪ 轉　구를　전　
약 転

- **轉嫁(전가)** : 자기의 허물을 남에게 덮어씌움.

• 回轉(회전) : 빙빙 돌아서 구르는 일.

⑮ 轢　칠　력

• 轢死(역사) : 차에 치어 죽음.
• 軋轢(알력) : 의견이 맞지 않아 서로 충돌이 됨.

辛部(매울신부)

⓪ 辛 매울 신 | ` | 亠 | ﾁ | 立 | 立 | 立 | 辛 |

- 辛辣(신랄) : 몹시 가혹하고 날카로움.
- 辛酸(신산) : ① 매운 맛과 신 맛. ② 세상살이의 쓰라리고 고됨
  을 이르는 말.

⑨ 辨 분별할 변 | 立 | 辛 | 勃 | 𨐌 | 辧 | 辨 | 辨 |

- 辨明(변명) : 죄가 없음을 밝힘. 變明(변명).
- 辨別(변별) : ① 구별함. ② 분별함.

⑨ 辦 힘쓸 판 〔약〕 办 | 立 | 辛 | 勃 | 𨐌 | 辦 | 辦 | 辦 |

- 辦公(판공) : 공무에 종사함. 〔예〕辦公費(판공비)
- 辦償(판상) : ① 빚을 갚음. ② 손실을 물어줌.

⑭ 辯 말 잘할 변 〔약〕 弁 | 辛 | 𡭔 | 莘 | 羊 | 辞 | 辯 | 辯 |

- 辯護(변호) : 남의 이익을 위하여 변명하고 도와줌.
- 訥辯(눌변) : 더듬으며 지껄이는 말씨.

酉部(닭유부)

③ **配** 짝 **배** 丂 丆 西 酉 酉 酉 配

- **配慮(배려)** : 이리저리 마음을 씀.
- **配偶(배우)** : 짝. 부부. 예 配偶者(배우자)

③ **酌** 따를 **작** 丆 酉 酉 酉 酉 酌 酌

- **自酌(자작)** : 술을 제 손으로 따라 마심.
- **參酌(참작)** : 참고하여 알맞게 헤아림.

③ **酒** 술 **주** 氵 氵 沂 洒 洒 酒

- **酒量(주량)** : 술을 마시는 분량.
- **酒興(주흥)** : 술기운에서 나는 흥.

⑦ **酸** 실 **산** 酉 酉 酌 酌 酸 酸 酸

- **酸素(산소)** : 공기의 주성분의 원소(元素).
- **酸化(산화)** : 물질이 산소와 화합함.

⑦ **酷** 혹독할 **혹** 酉 酉 酉 酷 酷 酷 酷

- **酷評(혹평)** : 너무 가혹한 비평.
- **酷寒(혹한)** : 몹시 심한 추위.

⑧ **醉** 술취할 **취**
약 醉

- **陶醉(도취)** : 즐기거나 좋아하는 것에 마음이 쏠려 취하다시피 함.
- **宿醉(숙취)** : 이튿날까지 안 깨는 술.

⑨ **醒** 술깰 **성**

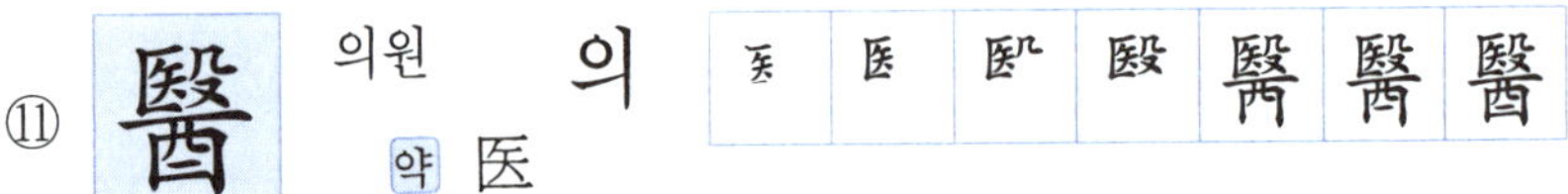

- **醒睡(성수)** : 잠에서 깸.
- **覺醒(각성)** : 깨달아 정신을 차림.

⑩ **醜** 더러울 **추**
약 丑

- **醜聞(추문)** : 추잡한 소문.
- **醜態(추태)** : 창피스럽고 아름답지 못한 태도.

⑪ **醫** 의원 **의**
약 医

- **醫師(의사)** : 병을 고치는 것을 업으로 삼는 사람.
- **獸醫(수의)** : 가축의 병을 치료하는 의사.

⑬ **醴** 단술 **례**

- **醴酒(예주)** : 단술 · 甘酒(감주).
- **醴泉(예천)** : 단맛이 나는 물이 솟는 샘.

金部(쇠금부)

⓪ **金** 쇠 금

• **金髮(금발)** : 황금빛 머리카락.

• **金子塔(금자탑)** : 영원히 후세에 전하여질 업적.

② **針** 바늘 침

• **針灸(침구)** : 침질과 뜸질의 치료법.

• **針術(침술)** : 침으로 병을 고치는 기술. 鍼術(침술).

④ **鈍** 둔할 둔

• **鈍感(둔감)** : 예민하지 못한 무딘 감각.

• **鈍器(둔기)** : 잘 들지 않는 연장.

⑥ **銅** 구리 동

• **銅像(동상)** : 구리로 만든 사람의 형상.

• **銅錢(동전)** : 구리로 만든 돈.

⑥ **銘** 새길 명

• **銘心(명심)** : 잊지 않게 마음에 깊이 새김.

• **碑銘(비명)** : 비석에 새긴 글.

⑥ **銀** ^은 은

- **銀盤**(은반) : 맑고 깨끗한 얼음판.
- **銀髮**(은발) : 은백색 머리. 백발.

⑥ **銃** ^총 총

金 釒 釒 釤 釤 鈃 銃

- **銃彈**(총탄) : 총알.
- **拳銃**(권총) : 총의 한 가지. 피스톨.

⑥ **銜** ^{직함} 함

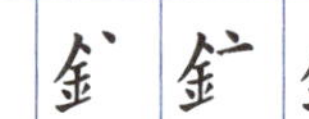

彳 衍 衍 衔 衔 衔 銜

- **銜字**(함자) : 상대방의 이름을 한문투로 이르는 말.
- **名銜**(명함) : 성명·직업 등을 적은 조그만 종이.

⑦ **銳** ^{날카로울} 예

金 釒 釕 鈗 鈗 鈗 銳

- **銳敏**(예민) : 감각·행동 등이 날카롭고 빠름.
- **銳意**(예의) : 마음을 단단히 가짐.

⑧ **錦** ^{비단} 금

金 釒 釦 鈶 鈶 錦 錦

- **錦繡**(금수) : ① 비단과 수. ② 아름다운 것의 비유.
- **錦地**(금지) : 타인을 높이는 뜻에서 그 사람이 사는 곳을 이르
  는 말.

⑧ **錄** ^{기록할} 록
    ^약 録

金 釒 鉰 鉰 鉰 鉰 錄

- **錄音(녹음)** : 레코드나 테이프에 소리를 기록함.
- **目錄(목록)** : 책머리에 제목을 차례대로 적어놓은 것. 目次(목차).

⑧ **錢** 돈　　전
　약 錢

- **錢主(전주)** : 사업의 밑천을 대어주는 사람.
- **金錢(금전)** : 돈. 예 金錢出納簿(금전출납부)

⑧ **錯** 섞일　착

- **錯覺(착각)** : 잘못 인식함.
- **錯誤(착오)** : 생각과 사실이 일치하지 않는 일.

⑨ **鍊** 단련할　련
　약 鍊

- **鍊磨(연마)** : 어떤 분야를 깊이 연구함. 硏磨(연마).
- **鍊習(연습)** : 단련하여 익힘.

⑨ **鍼** 침　　침

- **鍼灸(침구)** : 침질과 뜸질.
- **鍼術(침술)** : 침으로 병을 고치는 재주.

⑩ **鎖** 쇠사슬　쇄

- **封鎖(봉쇄)** : 외부와의 연락을 끊음.
- **閉鎖(폐쇄)** : 닫아 거는 것. ↔ 開放(개방).

⑩ 鎭 진압할 진 [약] 鎮

- **鎭壓(진압)** : 억눌러서 조용하게 함.
- **鎭痛(진통)** : 아픈 것을 가라앉힘.

⑫ 鐘 쇠북 종 [약] 钟

- **鐘閣(종각)** : 커다란 종을 달아 놓은 집.
- **午鐘(오종)** : 낮 열두 시를 알리는 종.

⑬ 鐵 쇠 철 [약] 鉄

- **鐵石(철석)** : 굳고 단단하여 변함이 없음의 비유.
- **鐵則(철칙)** : 변경할 수 없는 규칙.

⑮ 鑛 쇳돌 광 [약] 鉱

- **鑛山(광산)** : 광물을 캐내는 곳.
- **採鑛(채광)** : 광산에서 광물을 캐냄.

門部(문문부)

① 門 문 **문** 약 門

⁃ 門閥(**문벌**) : 지체. 家門(가문).
⁃ 門外漢(**문외한**) : 직접 그 일에 상관하지 않는 사람.

③ 閉 닫을 **폐**

⁃ 閉門(**폐문**) : 문을 닫음.
⁃ 閉會(**폐회**) : 회의를 마침. ↔ 開會(개회).

④ 間 사이 **간**

⁃ 間隔(**간격**) : 물건과 물건과의 떨어진 사이.
⁃ 間諜(**간첩**) : 스파이. 적진에 들어가 기밀을 탐지하는 사람.

④ 開 열 **개** 약 开

⁃ 開墾(**개간**) : 산이나 황무지 등을 일굼.
⁃ 開放(**개방**) : 활짝 열어놓음.

④ 閑 한가할 **한**

⁃ 閑暇(**한가**) : 할 일이 없이 조용함.
⁃ 閑寂(**한적**) : 조용하고 쓸쓸함.

⑥ 閨 　안방 **규**

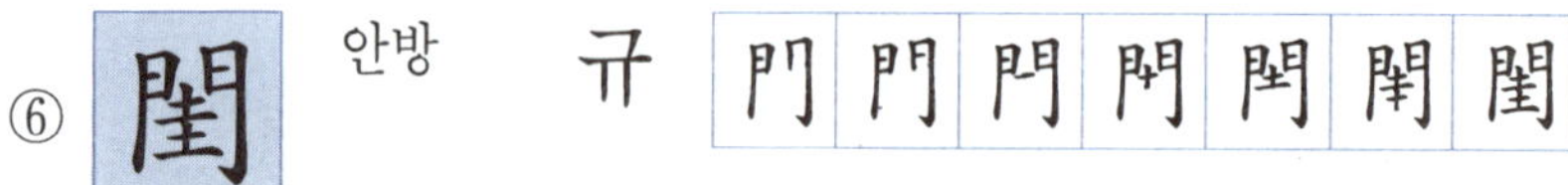

- 閨房(**규방**) : 부녀자가 거처하는 방.
- 閨秀(**규수**) : 남의 집 처녀를 이르는 말.

⑨ 闇 　어두울 **암**

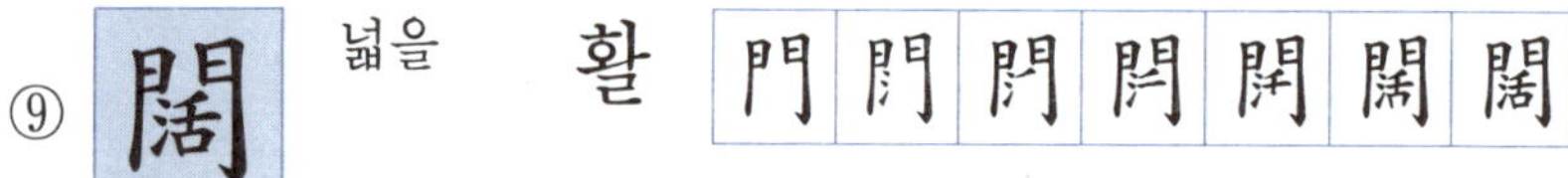

- 闇鈍(**암둔**) : 어리석고 둔함.
- 闇市場(**암시장**) : 자유 판매가 금지된 상품을 파는 시장.

⑨ 闊 　넓을 **활**

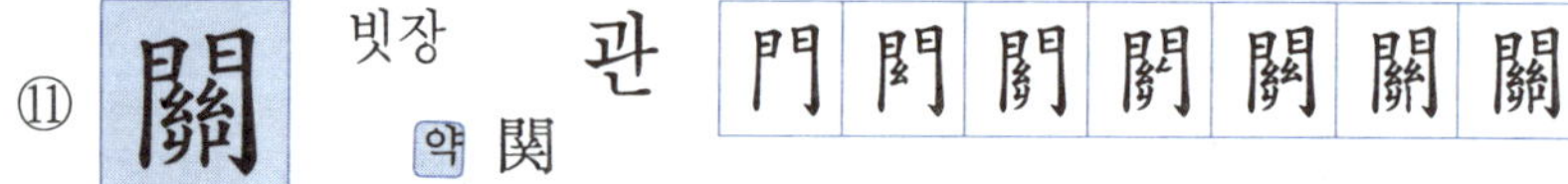

- 闊達(**활달**) : 마음이 넓고, 작은 일에 개의하지 않음.
- 闊步(**활보**) : 기를 펴고 마음대로 걸음.

⑪ 關 　빗장 **관**
　　　약 関

- 關與(**관여**) : 그 일에 관계함.
- 關節(**관절**) : 뼈와 뼈가 맞닿은 부분. 뼈마디.

隹部(새 추 부)

④ **雇** 품살 고 　丆 戸 戸 屌 厇 雁 雇

- **雇傭(고용)** : 품삯을 받고 남의 일을 함.
- **解雇(해고)** : 고용자(雇用者)가 피고용자를 내어보냄.

④ **雅** 아담할 아 　二 牙 犲 犵 犿 雅 雅

- **雅淡(아담)** : 말쑥하고 담담함.
- **雅量(아량)** : 넓은 도량.

④ **雄** 수컷 웅 　大 厷 厷 厷 厷 雄 雄

- **雄辯(웅변)** : 조리가 있게 거침없이 하는 말.
- **雌雄(자웅)** : 암컷과 수컷.

④ **集** 모일 집 　亻 伒 隹 隹 隼 隼 集

- **集中(집중)** : 한 곳에 모임.
- **雲集(운집)** : 구름같이 많이 모임.

⑤ **雌** 암컷 자 　止 此 此 雌 雌 雌 雌

- **雌伏(자복)** : 세상에서 물러나 숨어 삶.
- **雌雄(자웅)** : ① 암컷과 수컷 ② 우열·승패 등을 뜻하는 말.

⑩ 雙　쌍　쌍
약 双

隹　倠　倠　隹隹　倠隹　雙　雙

- **雙璧(쌍벽)** : 우열을 가릴 수 없이 둘 다 뛰어나게 훌륭함.
- **無雙(무쌍)** : 서로 견줄 만한 짝이 없음. 둘도 없이 뛰어남.

⑩ 雜　섞일　잡
약 雜

卒　卒　杂　杂　雜　雜　雜

- **雜費(잡비)** : 자질구레하게 쓰이는 돈.
- **雜誌(잡지)** : 갖가지 것을 적은 책.

⑪ 難　어려울　난
약 难

廿　莫　莫　莫　難　難　難

- **難關(난관)** : 일을 해 나가기가 어려운 고비.
- **難色(난색)** : 어려워하는 낯빛.

⑪ 離　떠날　리
약 离

亠　卤　离　离　离　離　離

- **離散(이산)** : 떨어져 흩어짐. 예 離散家族(이산가족)
- **流離(유리)** : 정처 없이 떠돌아다님.

雨部(비우부)

③ 雪　눈　설　〔一　𠂇　雪　雪　雪　雪　雪〕

- **雪膚(설부)** : 눈같이 흰 피부.
- **雪辱(설욕)** : 부끄러움을 씻음. 雪恥(설치).

④ 雲　구름　운　약 云　〔一　𠂇　雪　雪　雲　雲　雲〕

- **雲集(운집)** : 구름같이 많이 모임.
- **祥雲(상운)** : 상서로운 구름.

⑤ 零　떨어질　령

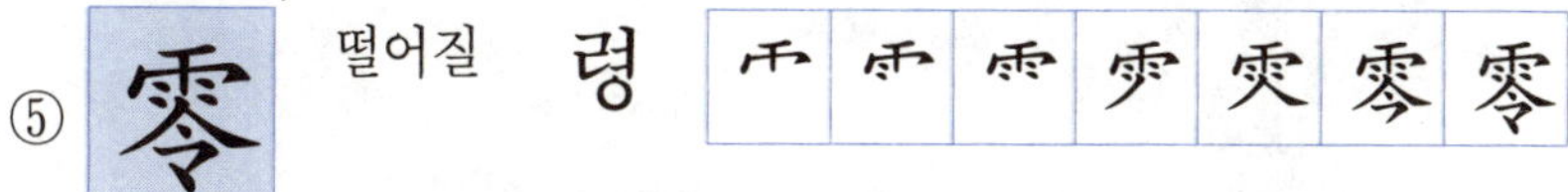

- **零落(영락)** : 세력이나 살림살이가 아주 보잘것없이 됨.
- **零細(영세)** : 보잘것없이 적음. 예 零細民(영세민)

⑤ 電　번개　전　약 电

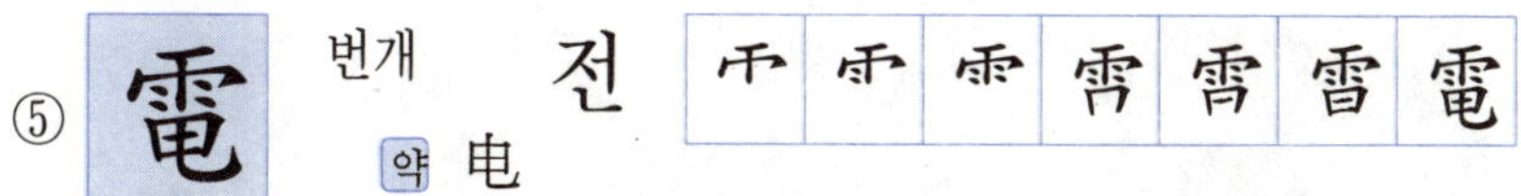

- **電擊(전격)** : 번개처럼 갑자기 공격함.
- **電文(전문)** : 전보의 문귀.

⑥ 需　구할　수　〔雨　雪　雪　雪　雪　需　需〕

- **需要(수요)** : 구매력을 따라 시장에 나온 상품의 총량. ↔ 供給 (공급).
- **祭需(제수)** : 제사에 쓰이는 여러 가지 물건이나 음식.

⑫ 露　이슬　로　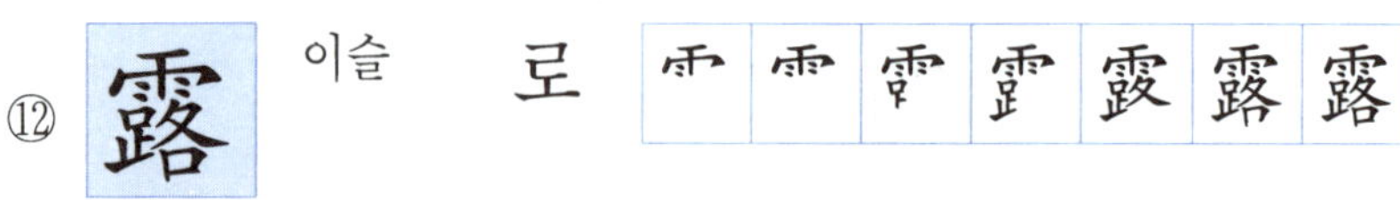

- 露骨(노골) : 조금도 꾸미지 않고 있는 그대로 드러냄.
- 草露(초로) : 풀에 맺힌 이슬. 예 草露人生(초로인생)

⑯ 靈　신령　령　약 霝　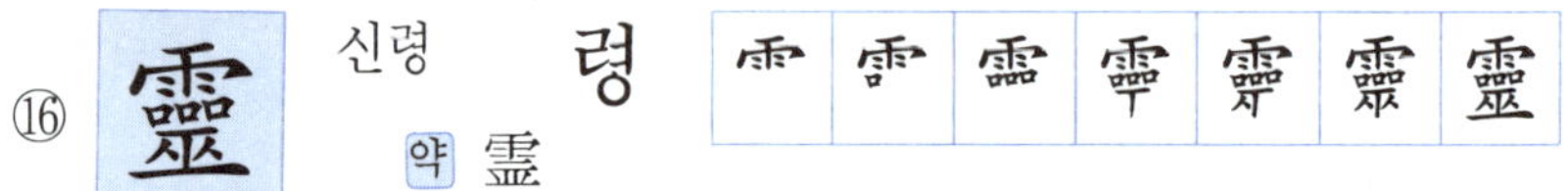

- 靈感(영감) : 심령의 미묘한 작용으로 얻어지는 감정.
- 靈魂(영혼) : 넋. 마음. ↔ 肉身(육신).

革部(가죽혁부)

⓪ **革** 가죽 혁 | ⺾ | ⺾ | 芇 | 苩 | 苩 | 亘 | 革 |

- **革帶(혁대)** : 가죽으로 만든 띠.
- **革新(혁신)** : 개혁하여 새롭게 함.

⑨ **鞭** 채찍 편 | 革 | 革 | 靪 | 靮 | 靮 | 鞭 | 鞭 |

- **鞭撻(편달)** : ① 채찍질함. ② 격려함.
- **敎鞭(교편)** : 가르칠 때 교사가 쓰는 회초리.

頁部(머리혈부)

② **頂** 정수리 정　丁　丁ˊ　丆頂　頂　頂　頂　頂

- 頂上(**정상**) : ① 산 꼭대기. ② 그 이상은 없는 것.
- 絶頂(**절정**) : 어떤 사물이 차오른 극도.

③ **須** 모름지기 수　彡　彡ˊ　沥　須　須　須　須

- 須知(**수지**) : 꼭 알아야 함.
- 必須(**필수**) : 꼭 필요함. 없어서는 아니됨.

③ **順** 순할 순　川　川ˊ　順　順　順　順　順

- 順延(**순연**) : 차례로 연기함. 예 雨天順延(우천순연)
- 順坦(**순탄**) : 길이 험하지 않고 평탄함.

④ **頌** 칭송할 송　公　公ˊ　頌　頌　頌　頌　頌

- 頌德(**송덕**) : 공적이나 인격을 기림. 예 頌德碑(송덕비)
- 稱頌(**칭송**) : 칭찬하고 기림.

⑨ **額** 이마 액　宀　客　客ˊ　額　額　額　額

- 額子(**액자**) : 현판에 쓴 글자.
- 總額(**총액**) : 전체의 액수.

⑫ **顧** 돌아볼 고
약 顾

| 厃 | 厇 | 雇 | 雇 | 顧 | 顧 | 顧 |

- **顧問(고문)** : 물음을 받는 사람.
- **回顧(회고)** : 지나간 일을 돌이켜 생각함.

⑭ **顯** 나타날 현
약 顕

| 㬎 | 㬎 | 㬎 | 㬎 | 顯 | 顯 | 顯 |

- **顯考(현고)** : 축문에서 돌아간 아버지를 이름. ↔ 顯妣(현비).
- **顯著(현저)** : 뚜렷이 드러남.

食部(밥식부)

① 食　먹을　식　｜ 人 | 亼 | 今 | 含 | 食 | 食 | 食 |

- 食言(식언) : 약속한 대로 실행하지 않음.
- 食餌(식이) : 음식물. 예 食餌療法(식이요법)

② 飢　주릴　기　｜ 𠂉 | 𠂤 | 亽 | 飠 | 飠 | 飠 | 飢 |

- 飢渴(기갈) : 굶주림과 목마름.
- 飢饉(기근) : 굶주림.

④ 飲　마실　음　｜ 含 | 飠 | 飠 | 飲 | 飲 | 飲 | 飲 |

- 飲酒(음주) : 술을 마심.
- 過飲(과음) : 술을 과하게 마심.

⑥ 養　기를　양　｜ 丷 | 羊 | 羊 | 養 | 養 | 養 | 養 |

- 養女(양녀) : 수양딸.
- 養成(양성) : 길러냄. 예 後輩養成(후배양성)

⑦ 餘　남을　여　약 余　｜ 飠 | 飠 | 飲 | 飲 | 餘 | 餘 | 餘 |

- 餘暇(여가) : 남은 시간. 겨를.
- 餘韻(여운) : 가시지 않고 남아 있는 정취(情趣).

⑬ **饗** 잔치할 **향**

- **饗宴(향연)** : 주식을 베풀어서 대접하는 잔치.
- **饗應(향응)** : 음식을 차려서 대접함.

馬部(말마부)

⑤ 駕 수레 가 | 力 | 加 | 架 | 架 | 架 | 駕 | 駕 |

- 駕士(가사) : 임금의 수레를 모는 사람.
- 凌駕(능가) : 능력이나 수준이 다른 것과 비교해 훨씬 넘어섬.

⑤ 駐 머무를 주 | 馬 | 馬 | 馬 | 馬 | 駐 | 駐 | 駐 |

- 駐屯(주둔) : 군대가 한 곳에 머무름.
- 駐車(주차) : 자동차 따위를 세워둠.

⑬ 驚 놀랄 경 약 惊 | 芍 | 苟 | 敬 | 驚 | 驚 | 驚 | 驚 |

- 驚愕(경악) : 몹시 놀람.
- 驚歎(경탄) : 매우 감탄함.

⑬ 驛 역말 역 약 駅 | 馬 | 馬 | 馬 | 驛 | 驛 | 驛 | 驛 |

- 驛夫(역부) : 역에서 잡일을 하는 일꾼.
- 驛長(역장) : 기차역에 종사하는 사람들의 우두머리.

⑬ 驗 시험할 험 약 験 | 馬 | 馬 | 駖 | 驗 | 驗 | 驗 | 驗 |

- 試驗(시험) : 능력·정도 등에 관하여 실지로 알아봄.
- 效驗(효험) : 일의 좋은 보람. 効力(효력).

魚部(물고기어부)

⑥ **鮮**　고울　선　| 刍 | 刍 | 魚 | 魚 | 魚 | 鮭 | 鮮 |

- **鮮明(선명)** : 흐리멍덩한 점이 없이 분명함.
- **生鮮(생선)** : 잡은 그대로의 물고기.

⑧ **鯨**　고래　경　| 刍 | 刍 | 魚 | 魚 | 魨 | 鯨 | 鯨 |

- **鯨飮(경음)** : 고래가 물을 먹듯, 술을 많이 마심.
- **鯨呑(경탄)** : 고래가 작은 물고기들을 삼키듯이 강자가 자기 마
  음대로 하는 것.

鳥部(새 조 부)

① 鳥　새　조　

- **鳥瞰圖(조감도)** : 높은 데서 내려다본 것처럼 그린 그림.
- **鳥獸(조수)** : 새와 짐승.

② 鳩　비둘기　구　

- **鳩首(구수)** : 머리를 서로 맞댐. 예 鳩首會議(구수회의)
- **鳩合(구합)** : 모음. 糾合(규합).

⑧ 鵬　붕새　붕　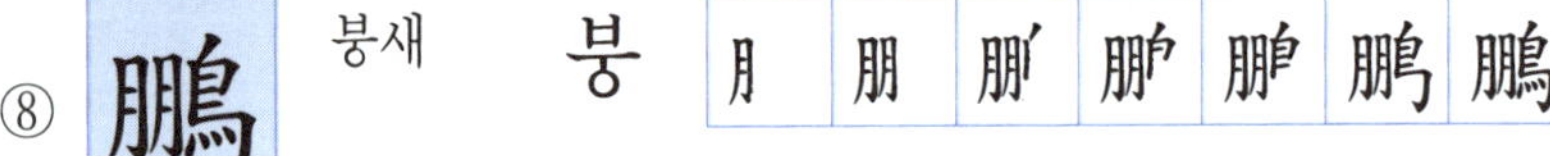

- **鵬翼(붕익)** : ① 붕새의 날개. ② 큰 사업을 할 계획.
- **鵬程(붕정)** : 머나먼 앞길. 예 鵬程萬里(붕정만리)

⑩ 鶴　학　학

- **鶴髮(학발)** : 학의 깃처럼 흰 머리털.
- **鶴首(학수)** : 학처럼 목을 길게 늘여 몹시 기다림.

鹿部(사슴록부)

⓪ 鹿 사슴 록

| 宀 | 广 | 庐 | 庐 | 庐 | 庐 | 鹿 |

- 鹿皮(녹피) : 사슴의 가죽.
- 鹿茸(녹용) : 사슴뿔.

⑧ 麒 기린 기

| 庐 | 庐 | 鹿 | 麒 | 麒 | 麒 | 麒 |

- 麒麟(기린) : 상상의 신령스러운 짐승 이름.
- 麒麟兒(기린아) : 재주와 덕이 뛰어난 사람.

⑧ 麗 고울 려
  약 丽

| 丽 | 丽 | 严 | 严 | 麗 | 麗 | 麗 |

- 麗句(여구) : 아름다운 글귀. 예 美辭麗句(미사여구)
- 麗人(여인) : 아름다운 여자.

⑧ 麓 산기슭 록

| 木 | 林 | 楚 | 禁 | 麓 | 麓 | 麓 |

- 山麓(산록) : 산기슭.
- 村麓(촌록) : 마을 기슭.

龍部(용룡부)

⓪ **龍** 용 룡
  [약] 竜

ㅛ 肖 肖 肖 肯 龍 龍

- 龍馬(**용마**) : 아주 잘 달리는 말.
- 容顔(**용안**) : 임금님의 얼굴.

龜部(거북귀부)

⓪ 龜 거북 귀
     터질 균   약 亀

- **龜鑑(귀감)** : 본보기가 될 만한.
- **龜裂(균열)** : 갈라져 터짐. 또는 그 터진 곳.

少年易老學難成
一寸光陰不可輕
丙子年孟春　李相麒

제2편

고사성어

ㄱ

1. **街談巷說**(가담항설)　　거리에 나도는 뜬소문.

2. **苛斂誅求**(가렴주구)　　가혹하게 세금을 징수하고 백성의 재물을 빼앗는 일.

3. **刻骨難忘**(각골난망)　　은혜가 뼈에 깊이 사무쳐 결코 잊혀지지 아니함.

4. **刻舟求劍**(각주구검)　　배 위에서 칼이 물에 빠지자 그 자리를 뱃전에 표시해 두었다가 나중에 배가 움직인 것은 생각지도 않고 표시해 두었던 뱃전 부근에서 칼을 찾는다는 뜻으로 융통성이 없음을 비유한 말.

5. **肝膽相照**(간담상조)　　간과 쓸개를 드러내 보인다는 뜻으로 서로의 마음을 터놓고 가까이 사귐.

6. **甘言利說**(감언이설)　　남의 비위를 맞추는 달콤한 말과 이로운 조건만 내세워 꾀는 말.

7. **甘呑苦吐**(감탄고토)　　달면 삼키고 쓰면 뱉는다는 뜻으로, 이

기주의적인 태도.

8. **改過遷善**(개과천선)   지난날의 허물을 뉘우치고 새롭게 착한 사람이 됨.

9. **去頭截尾**(거두절미)   머리와 꼬리를 잘라버린다는 뜻으로, 앞뒤의 사설은 빼고 요점만 말함.

10. **居安思危**(거안사위)   편안할 때에도 앞으로 닥칠지 모를 위태로움을 생각하며 정신을 가다듬음.

11. **擧案齊眉**(거안제미)   밥상을 눈썹과 가지런히 되도록 받들어 올린다는 말로, 아내가 남편을 지극히 공경함을 일컬음.

12. **乾坤一擲**(건곤일척)   운명과 흥망을 걸고 온 힘을 다 기울여 마지막 승부나 성패에 도전함.

13. **隔世之感**(격세지감)   많은 변화를 겪어서 딴 세상처럼 여겨지는 느낌.

14. **隔靴搔癢**(격화소양)   신을 신은 발바닥을 긁는다는 뜻으로, 어떤 일을 함에 있어 그 정통을 찌르지 못하고 겉돌기만 하는 안타까움을 이름.

15. **牽強附會**(견강부회)   가당치도 않은 말을 억지로 끌어다 자기의 주장에 맞추려고 함.

16. **犬馬之勞**(견마지로) 임금이 나라를 위하여 바치는 자기의 노력을 겸손하게 이르는 말.

17. **見蚊拔劍**(견문발검) 모기를 보고 칼 뺀다는 뜻으로, 사소한 일에 거창하게 덤빈다는 말.

18. **見物生心**(견물생심) 물건을 보면 그것을 갖고 싶은 욕심이 생김.

19. **結草報恩**(결초보은) 풀을 엮어서 은혜를 갚는다는 뜻으로, 죽어서까지도 은혜를 잊지 않고 갚음.

20. **傾國之色**(경국지색) 한 나라를 위태롭게 할 만한 미색이란 뜻으로, 아름다운 여인을 일컬음.

21. **敬而遠之**(경이원지) 겉으로는 공경하는 체하면서 속으로는 멀리함.

22. **鷄卵有骨**(계란유골) 달걀에도 뼈가 있다는 뜻으로, 늘 일이 잘 풀리지 않는 사람이 모처럼 좋은 기회를 만났으나 역시 잘 안 될 때를 이르는 말.

23. **鷄肋**(계륵) 닭의 갈비뼈는 먹을 만한 곳이 없는 부위이나 그렇다고 버리기에는 아깝다. 즉, 그리 도움은 못 되나 버리기에는 아까워 이러지도 저러지도 못하는 난처한 상황.

24. 鷄鳴狗盜(계명구도)

사대부가 가져서는 안 될 천한 재주를 가진 사람을 비유함. 닭의 울음소리를 잘 내고 개의 흉내를 내어 좀도둑질을 한다는 뜻으로, 한 가지 기술에 능한 비천한 사람을 말한다. 또 아무리 비천한 사람이라도 자기 나름대로의 장점과 단점과 특징을 지니고 있음을 의미.

25. 孤軍奮鬪(고군분투)

적은 인원과 약한 힘으로, 남의 도움도 없이 힘에 겨운 일을 악착스럽게 함.

26. 膏粱珍味(고량진미)

기름진 고기와 좋은 곡식으로 만든 맛있는 음식.

27. 高麗公事三日
　　　(고려공사삼일)

고려의 정령(政令)이 사흘 만에 바뀐다는 뜻으로, 착수한 일이 자주 바뀜을 비유한 말.

28. 鼓腹擊壤(고복격양)

태평 성세를 즐김. 요(堯)임금 때, 한 노인이 배불리 먹고는 배를 두드리고 땅을 치면서 태평 성세를 즐겼다는 고사에서 유래.

29. 孤掌難鳴(고장난명)

한쪽 손뼉은 울리지 못한다는 뜻으로, 혼자서는 일을 이루지 못한다. 또는 맞서는 사람이 없으면 싸움이 되지 않는다는 말.

30. **苦盡甘來**(고진감래) 쓴 것이 다하면 단 것이 온다는 뜻으로, 고생 끝에 그 보람으로 즐거움이 있게 된다는 말.

31. **高枕安眠**(고침안면) 베개를 높이 베고 편안한 잠을 잔다는 뜻으로, 무척 마음이 한가하고 여유가 있어 아무런 근심이 없는 상태.

32. **古稀**(고희) '예로부터 드물다'는 뜻으로 70세를 이르는 말.

33. **曲學阿世**(곡학아세) 진리에 어그러진 학문, 즉 바른 학문을 왜곡하여 권력자에게 아첨함.

34. **骨肉相爭**(골육상쟁) 가까운 혈족끼리 서로 싸움.

35. **空中樓閣**(공중누각) 공중에 누각을 짓는 것처럼 근거나 현실적 토대가 없는 사물을 이르는 말.

36. **管鮑之交**(관포지교) 우정이 매우 깊은 사귐. 중국 춘추 시대 제(劑)나라의 관중(管仲)과 포숙아(鮑叔牙)의 사귐이 매우 친밀하였다는 고사에서 유래.

37. **刮目相對**(괄목상대) 눈을 비비고 상대를 다시 본다는 뜻으로, 못 본 사이에 상대가 깜짝 놀랄 정도의 발전을 보임을 일컫는 말.

38. 矯角殺牛(교각살우)

소의 뿔을 바로잡으려다 소를 죽인다는 뜻으로, 결점이나 흠을 고치려다 수단이 지나쳐서 도리어 일을 그르침을 이르는 말.

39. 膠柱鼓瑟(교주고슬)

비파나 거문고의 기러기발을 풀로 붙여 놓고 거문고를 탄다는 뜻으로, 어떤 규칙에 얽매여 융통성을 모르는 것. 또는 고집불통을 비유하는 말.

40. 口尙乳臭(구상유취)

입에서 아직 젖내가 난다는 뜻으로, 상대가 어리고 말과 행동이 유치함을 얕잡아 일컫는 말.

41. 九牛一毛(구우일모)

아홉 마리의 소털 중의 하나라는 뜻으로, 썩 많은 가운데 극히 적은 수.

42. 九折羊腸(구절양장)

꼬불꼬불하게 꼬인 양의 창자란 뜻으로, 꼬불꼬불하고 험한 산길.

43. 群鷄一鶴(군계일학)

닭의 무리 가운데 한 마리의 학이란 뜻으로, 유독 뛰어난 것. 즉 많은 범인(凡人) 속에 한 사람의 뛰어난 인물이 섞여 있는 것을 비유하는 말.

44. 君子三樂(군자삼락)

군자의 세 가지 즐거움이란 뜻으로, 부모가 모두 살아 계시며 형제가 무고한 것이 첫째 즐거움이요, 하늘을 우러러 부끄럼이 없고 사람을 굽어보아도 부끄럽지 않음이 둘째 즐거움이요, 천하의 영재를 얻어 교육하는 것이 셋째 즐거움이다.

45. **權不十年**(권불십년)   권세는 십 년을 가지 못한다는 뜻으로, 권세는 오래 가지 못함을 이르는 말.

46. **勸善懲惡**(권선징악)   선행을 장려하고 악행을 징계함.

47. **捲土重來**(권토중래)   흙먼지를 날리며 다시 온다는 뜻으로, 한 번 실패한 사람이 다시 분기하여 세력을 되찾는다는 말.

48. **克己復禮**(극기복례)   사욕을 누르고 예(禮)로 돌아감.

49. **近墨者黑**(근묵자흑)   먹을 가까이 하면 검어진다는 뜻으로, 나쁜 사람을 가까이 하면 그 행실에 물들기 쉬움.

50. **錦上添花**(금상첨화)   비단 위에 꽃을 더한다는 뜻으로, 좋은 일에 또 좋은 일이 더해짐.

51. **琴瑟之樂**(금슬지락)   부부 사이의 다정하고 화목한 즐거움.

52. **錦衣夜行**(금의야행)   비단옷을 입고 밤길을 걷는다는 뜻으로,

아무 보람이 없는 행동을 이르는 말.

53. 錦衣還鄕(금의환향)

비단옷을 입고 고향에 돌아간다는 뜻으로, 객지에서 성공하여 고향에 돌아감을 이르는 말.

54. 杞憂(기우)

기인지우(杞人之憂)의 준말. 기(杞)나라 사람의 근심이란 뜻으로, 기나라 사람 중에 하늘이 무너질까 걱정하여 식음을 전폐한 사람이 있었다는 고사에서 유래.

55. 騎虎之勢(기호지세)

호랑이를 타고 가다가 도중에 내리게 되면 잡혀 먹히고 만다는 것으로, 일을 계획하고 시작한 이상 도중에 그만두어서는 안 되며, 또 그만둘 수도 없는 절박한 상태.

56. 奇貨可居(기화가거)

기화(奇貨)는 기이한 보화라는 뜻이니 진기한 물건을 사서 잘 보관해 두면 뒤에 큰 이익을 본다는 뜻으로, 좋은 기회를 놓치지 말라는 말.

ㄴ

1. 難兄難弟(난형난제)
형이 더 낫다고 하기도 어렵고 아우가 더 낫다고 하기도 어렵다는 뜻으로, 우열을 가리기 어렵고 서로 비슷함.

2. 南柯一夢(남가일몽)
한때의 헛된 부귀 영화. 당나라의 순우분(淳于棼)이 느티나무의 남쪽 가지 밑에서 잠이 들었다가 꿈에 괴안국(槐安國)에 이르러 임금의 딸을 아내로 삼고 남가군(南柯郡)의 태수가 되어 영화를 누리다가 꿈에서 깨어났다는 고사에서 유래.

3. 囊中之錐(낭중지추)
주머니 속에 든 송곳은 뾰족하여 곧 밖으로 나오는 것과 같이 재능이 있는 사람은 숨어 있어도 이내 그 재능이 드러난다는 말.

4. 累卵之勢(누란지세)
알을 쌓아놓은 듯한 형세. 곧 매우 위태로운 형세.

ㄷ

1. **簞食瓢飮**(단사표음) 도시락에 담은 밥과 표주박 물이라는 뜻으로, 청빈(淸貧)한 생활에 만족하는 것을 뜻함.

2. **丹脣皓齒**(단순호치) 붉은 입술과 하얀 이라는 뜻으로, 매우 아름다운 여자의 얼굴을 일컫는 말.

3. **堂狗風月**(당구풍월) 서당 개 3년이면 풍월한다. 비록 무식한 사람이라도 유식한 사람들과 오래 사귀게 되면 자연히 견문이 생긴다는 뜻.

4. **同價紅裳**(동가홍상) 같은 값이면 다홍치마라는 뜻으로, 이왕이면 좋은 것을 갖는다는 뜻.

5. **東問西答**(동문서답) 동쪽을 묻는데 서쪽을 대답한다는 뜻으로, 묻는 말에 대하여 전혀 엉뚱한 대답을 하는 것.

6. **同病相憐**(동병상련) 같은 병의 환자끼리 서로 가엾게 여긴다는 뜻으로, 어려운 처지에 있는 사람끼리 서로 딱하게 여겨 동정하고 도움.

7. **同床異夢**(동상이몽)   같은 잠자리에서 다른 꿈을 꾼다는 뜻으
로, 겉으로는 같은 행동을 하면서도 속
으로는 각각 딴 생각을 함.

8. **燈火可親**(등화가친)   가을은 선선하여 공부에 주력할 때임을
말함.

口

1. **馬耳東風**(마이동풍)   말의 귀에 봄바람이라는 뜻으로, 남의 말을 귀담아 듣지 않음.

2. **麥秀之嘆**(맥수지탄)   멸망한 고국에 대한 한탄. 은(殷)나라가 망한 후 기자(箕子)가 폐허가 된 은나라 서울을 지나면서 보리 이삭[麥秀]이 무성한 것을 보고 한탄했다는 고사에서 유래.

3. **孟母三遷**(맹모삼천)   맹자 어머니가 세 번이나 이사를 하면서 맹자의 교육에 힘썼다는 고사.

4. **明鏡止水**(명경지수)   맑은 거울과 고요한 물이라는 뜻으로, 맑고 고요한 심경을 일컫는 말.

5. **矛盾**(모순)   말이나 행동의 앞뒤가 서로 맞지 않음. 전국 시대에 창과 방패를 파는 사람이 그의 창은 무엇이든지 뚫을 수 있고, 방패는 무엇으로도 뚫을 수 없다고 한 고사에서 유래.

6. **目不識丁**(목불식정)   丁(정)자도 식별하지 못함. 곧, 낫 놓고

기역자도 모른다는 말.

7. **目不忍見**(목불인견) 차마 눈 뜨고는 볼 수 없는 참상(慘狀), 또는 꼴불견.

8. **武陵桃源**(무릉도원) 사람들이 화목하고 행복하게 살 수 있는 이상향. 속세에 없는 별천지.

9. **刎頸之交**(문경지교) 벗과 생사를 같이 하여 목이 잘려도 한이 없다는 뜻으로, 매우 친밀한 교제를 일컬음.

10. **尾生之信**(미생지신) 미련하고 우직하게 지키는 약속을 이르는 말. 미생이라는 사람이 여자와의 약속을 지키기 위해 다리 밑에서 기다리다가 물에 휩쓸려 죽었다는 고사에서 유래.

ㅂ

1. **背水陣**(배수진) 강을 등지고 치는 진이라는 뜻으로, 어떤 일에 실패하면 다시는 일어설 수 없다는 결사적인 각오로 임함.

2. **百年河淸**(백년하청) 아무리 기다려도 성공하기 어렵다는 말.

3. **伯牙絶絃**(백아절현) 백아(伯牙)가 거문고 줄을 끊어버렸다는 뜻으로, 서로 마음속 깊이 이해하고 있는 참다운 벗의 죽음을 슬퍼함. 백아가 그의 거문고 소리를 좋아하던 종자기(鐘子期)가 죽자 거문고 줄을 끊고 다시는 타지 않았다는 고사에서 유래.

4. **百折不屈**(백절불굴) 백 번 꺾여도 굴하지 않음. 즉, 어떠한 어려움에도 굽히지 않음.

5. **附和雷同**(부화뇌동) 아무런 주견(主見)이 없이 남의 의견이나 행동에 따라 움직임.

6. **粉骨碎身**(분골쇄신) 뼈가 가루가 되고 몸이 부서진다는 뜻으로, 있는 힘을 다하여 노력함.

ㅅ

1. 四面楚歌(사면초가) 사방이 모두 적으로 둘러싸인 형편이나 누구의 도움도 받을 수 없는 고립된 상태. 초(楚)나라 항우(項羽)가 한(漢)나라 군사에게 포위당했을 때, 사면에서 초나라 노래가 들려오는 것을 듣고 놀라 기가 꺾였다는 고사에서 유래.

2. 蛇足(사족) 뱀의 발이란 뜻으로, 하지 않아도 될 일을 공연스레 하는 것. 쓸데없는 군더더기. 畵蛇添足(화사첨족)의 준말. 뱀을 그리는데 실물에 없는 발을 그려 상으로 주는 술을 못 마시게 됐다는 고사에서 유래.

3. 事必歸正(사필귀정) 모든 일은 결과적으로 반드시 바른길로 돌아감.

4. 殺身成仁(살신성인) 자신의 몸을 희생하여 인(仁)을 이룬다는 뜻으로, 몸을 바쳐 옳은 도리를 행함.

5. 三顧草廬(삼고초려) 인재를 맞아들이기 위해서 참을성 있게

여러 번 찾아가서 예를 다하는 일. 중국 촉한(蜀漢)의 유비(劉備)가 제갈량(諸葛亮)의 초가집을 세 번이나 찾아가 간청하여 드디어 군사(軍師)로 맞아들인 일에서 유래.

6. 塞翁之馬(새옹지마)

인생에 있어서의 길흉 화복(吉凶禍福)은 항상 바뀌어 미리 헤아릴 수가 없다는 말. 변방에 사는 한 노인의 말이 달아났다가 그곳 말과 함께 돌아왔는데 그의 아들이 그 말을 타다가 다리가 부러져 전쟁에 나가지 않게 되어 목숨을 보전했다는 고사에서 유래.

7. 雪上加霜(설상가상)

눈 위에 또 서리가 덮였다는 뜻으로, 불행이 거듭 생겨남.

8. 束手無策(속수무책)

손을 묶여 어쩔 도리가 없다는 말로, 어떤 일을 당하여 그것을 처리할 방도가 도무지 없음을 일컫는 말.

9. 首邱初心(수구초심)

여우가 죽을 때, 머리를 제 살던 굴 쪽으로 두고 죽는다는 이야기에서, 고향을 그리워하는 마음을 비유한 말.

10. 手不釋卷(수불석권)

손에서 책을 놓지 않는다는 뜻으로, 늘 글을 읽음을 이르는 말.

11. **水魚之交**(수어지교) 물고기가 물을 떠나서는 살 수 없듯이 떨어질 수 없는 아주 가까운 사이.

12. **脣亡齒寒**(순망치한) 입술이 없으면 이가 시리다는 뜻으로, 이해 관계가 서로 밀접하여 한쪽이 망하면 다른 한쪽도 보전하기 어려움을 비유하여 이르는 말.

13. **十匙一飯**(십시일반) 열 사람이 밥을 한 술씩만 보태어도 한 사람이 먹을 밥은 된다는 뜻으로, 여러 사람이 힘을 합하면 한 사람쯤은 구제할 수 있다는 말.

○

1. **阿鼻叫喚**(아비규환)　불교에서 말하는 팔대 지옥의 하나인 아비 지옥에 떨어진 자들이 고통을 못 이겨 울부짖음. 지극히 참혹한 광경이나 상태를 가리키는 말.

2. **我田引水**(아전인수)　제 논에 물 대기라는 뜻으로, 자기에게만 이롭게 되도록 생각하거나 행동함.

3. **漁父之利**(어부지리)　둘이 다투고 있는 사이에 엉뚱하게도 제삼자가 이익을 봄. 전국 시대에 조(趙)나라가 연(燕)나라를 침략하려고 하자, 소대(蘇代)가 연나라를 위하여 조나라 혜문왕(惠文王)에게 "역수(易水)를 건너다 보니 조개가 입을 벌리고 있는데, 도요새가 쪼자 조개가 오무려 놓지 않으므로 어부가 한 번에 둘을 다 잡았다."고 말한 고사에서 유래.

4. **緣木求魚**(연목구어)　나무에 올라가서 물고기를 잡으려 한다는 뜻으로, 되지도 않을 엉뚱한 소망을 말함.

5. **烏飛梨落**(오비이락)　까마귀 날자 배 떨어진다는 뜻으로, 공교롭게도 어떤 일이 같은 때에 일어나 의심을 받게 됨.

6. **吳越同舟**(오월동주)　서로 원수 사이인 오(吳)와 월(越)나라 사람이 같은 배에 타고 있다는 말로, 아무리 원수 사이라도 한 배에 탄 이상 목적지에 도착할 때까지는 서로 운명을 같이하고 협력하게 된다는 뜻. 또는 서로 원수 사이인데도 우연히 같은 장소에 있다는 뜻.

7. **臥薪嘗膽**(와신상담)　원수를 갚으려고 하거나 어떤 일에 실패한 후 재도전하여 온갖 괴로움을 참고 견디며 노력함. 춘추 시대 오(吳)나라의 왕 부차(夫差)가 장작더미 위에서 자며 복수를 다짐했고, 월(越)나라 왕 구천(句踐)이 쓸개를 맛보면서 복수를 다짐했다는 고사에서 유래.

8. **韋編三絶**(위편삼절)　독서에 힘씀. 공자(孔子)가 역경(易經)을 애독했는데, 책을 맨 가죽끈이 세 번이나 끊어졌다는 고사에서 유래.

ㅈ

1. **自繩自縛**(자승자박)　자기가 꼰 새끼로 자기를 묶는다는 뜻으로, 자신의 언행으로 말미암아 자기 자신이 구속되어 괴로움을 당함.

2. **賊反荷杖**(적반하장)　도둑이 도리어 매를 든다는 뜻으로, 잘못한 사람이 도리어 트집을 잡음.

3. **轉禍爲福**(전화위복)　화가 바뀌어 오히려 복이 됨.

4. **切磋琢磨**(절차탁마)　옥이나 돌 등을 갈고 닦아서 빛을 낸다는 뜻으로, 학문과 덕행을 열심히 배워 닦음.

5. **糟糠之妻**(조강지처)　빈곤한 시절부터 어려움을 함께 한 처(妻), 본처(本妻). '조강(糟糠)이란 술찌꺼기와 쌀겨를 뜻한다. 즉, 빈천한 때에 험한 음식을 먹으며 고생을 같이 겪은 아내를 일컬음.

6. **至誠感天**(지성감천)　정성이 지극하면 하늘도 감동함.

ㅊ

1. **天高馬肥**(천고마비)   하늘이 높고 말이 살찐다는 뜻으로, 가을이 썩 좋은 계절임을 일컫는 말.

2. **徹頭徹尾**(철두철미)   처음부터 끝까지 철저함.

3. **寸鐵殺人**(촌철살인)   조그만 쇠붙이로 사람을 죽인다는 뜻으로, 간단한 말이나 문장으로 사물의 가장 요긴한 데를 찔러 듣는 사람으로 하여금 감동하게 한다는 것.

4. **七顚八起**(칠전팔기)   일곱 번 넘어지고 여덟 번 일어난다는 뜻으로, 여러 번 실패하여도 결코 굽히지 않음.

ㅌ

1. **他山之石**(타산지석) 남의 산의 돌이라도 자기의 구슬을 가는 데에 도움이 된다는 뜻으로, 다른 사람의 하찮은 언행도 자기의 수행을 쌓는 데 도움이 된다는 말.

2. **兎死拘烹**(토사구팽) 교활한 토끼가 잡히면 충실한 사냥개도 삶아 먹힌다는 뜻으로, 쓸모가 없어지자 언제 그랬냐는 듯 없애버림을 말한다.

3. **推敲**(퇴고) 시문을 지을 때 자구(字句)를 여러 번 생각하여 고치는 일. 당(唐)나라의 시인 가도(賈島)가 시를 짓는데 퇴(推)자를 쓸까 고(敲)자를 쓸까 고심한 고사에서 유래.

ㅍ

1. **破竹之勢**(파죽지세) 　대를 쪼개는 기세라는 뜻으로, 병세(兵勢)가 강하여 거침없이 적을 물리치고 쳐들어가는 기세.

2. **風樹之嘆**(풍수지탄) 　자녀가 어버이께 봉양하고 싶어도 돌아가셔서 봉양을 못 한다는 탄식.

ㅎ

1. 鶴首苦待(학수고대)　학의 목처럼 길게 늘여 기다린다는 뜻으로, 몹시 기다림.

2. 汗牛充棟(한우충동)　책이 매우 많음을 일컫는 말.

3. 咸興差使(함흥차사)　심부름 간 사람이 돌아오지 않을 때 하는 말. 이태조(李太祖)가 왕위를 물려주고 함흥에 가 있을 때, 태종(太宗)이 여러 번 사신을 보냈으나, 그때마다 죽고 돌아오지 않았다는 이야기에서 나온 말.

4. 螢雪之功(형설지공)　고생하면서 공부하여 얻은 보람. 중국 진(晉)나라의 차윤(車胤)이 반딧불로 글을 읽고, 손강(孫康)이 눈빛으로 글을 읽어 성공했다는 고사에서 유래.

5. 狐假虎威(호가호위)　여우가 호랑이의 위엄을 빌려 호기를 부린다는 뜻으로, 남의 권세를 빌려 위세를 부림을 비유.

6. 虎視耽耽(호시탐탐)　범이 사나운 눈초리로 바라본다는 뜻으

로, 날카로운 눈초리로 형세(形勢)를 노려보는 것을 일컬음.

7. **浩然之氣**(호연지기) 사물에서 해방되어 자유롭고 즐거운 마음. 온 세상에 가득 찬 넓고 큰 원기(元氣).

8. **昏定晨省**(혼정신성) 밤에는 어버이 잠자리를 펴드리고 아침에는 문안을 드림.

9. **畫龍點睛**(화룡점정) 용을 그린 후 마지막으로 눈동자를 그려 넣음. 곧, 무슨 일을 하는데 가장 긴요한 부분을 마치어 완성함. 중국 양(梁)나라 장승유(張僧繇)가 두 마리의 용을 그렸는데, 눈동자를 그려넣자 그 용이 홀연히 하늘로 올라갔다는 고사에서 유래.

10. **畫中之餠**(화중지병) 그림의 떡. 즉, 그림으로 그린 떡은 먹을 수 없다는 뜻으로, 실제로 사용되거나 보탬이 될 수 없는 것을 일컫는 말.

11. **會者定離**(회자정리) 만나면 반드시 헤어짐. 세상 일은 모두 무상(無常)하여 만나면 반드시 헤어진다에서 나온 말.

12. **嚆矢**(효시) 싸움터에서 먼저 울리는 화살을 쏘아서 전투를 시작하였다는 고사(故事)에서 유래된 말로, 사물의 처음을 일컫는 말.

青雲
李桐麒

한문시험문제

1. 다음 한자의 독음(讀音)이 맞는 것은?(9급행정)
　　① 一毫 : 일보　　　　　② 改悛 : 개준
　　③ 訛傳 : 화전　　　　　④ 役割 : 역활
　　⑤ 豪奢 : 호사

> ① 일호　② 개전　③ 와전　④ 역활　**답** ⑤

2. 다음 중 서로 반대되는 한자는?(서울지하철)
　　① 讀書　　　　　　　② 明暗
　　③ 矛盾　　　　　　　④ 嗚咽
　　⑤ 膾炙

> ① 독서　② 명암　③ 모순　④ 오열　⑤ 회자　**답** ②

3. '弱冠'은 몇 살에 이르는 남자를 일컫는 말인가?(대구매일)
　　① 10세　　　　　　　② 20세
　　③ 30세　　　　　　　④ 40세

> **답** ②

4. 다음 속담을 한자숙어(4자)로 쓰시오.(국제신문)
　　① 등잔 밑이 어둡다
　　② 달면 삼키고 쓰면 뱉는다.

> **답** ① 燈下不明　② 甘呑苦吐

5. '살구꽃 핀 마을은 어디나 고향 같다'에서 '살구꽃'과 같은
　뜻의 말은?(서울우유)
　　① 杏花　　　　　　　② 桃花

③ 梨花   ④ 櫻花

② 복숭아꽃 ③ 배꽃 ④ 앵두나무꽃 답 ①

6. '皮相的'과 비슷한 뜻의 속담은?(백양)
    ① 수박 겉 핥기   ② 개발에 편자
    ③ 소 닭 보듯   ④ 우물에서 숭늉 찾기

皮相的(피상적) : (일이나 현상 따위의) 진상은 추구하지 않고 겉으로 나타나 보이는 현상에만 관계하는 것. 답 ①

7. 주옥 같은 언어의 彫□ (삼성)
    ① 琢   ② 琥   ③ 瑞   ④ 琤

① 탁 ② 호 ③ 서 ④ 쟁   답 ①

8. '苛斂誅求'의 뜻과 관계 깊은 말은?(롯데)
    ① 성격   ② 우애
    ③ 주택   ④ 세금

苛斂誅求(가렴주구) : 세금을 가혹하게 거두어들이고 무리하게 재물을 빼앗음. 답 ④

9. 다음 중 '편지'라는 뜻을 갖지 않은 것은?(KBS)
    ① 書牘   ② 貴函
    ③ 楷書   ④ 惠書

① 서독(편지). ② 귀함(상대방을 높여 그의 편지를 이르는 말). ③ 해서(서체의 하나). ④ 혜서(남이 보내준 편지를 높여 이르는 말). 답 ③

10. 다음을 간단히 설명하시오. (광주일보)

張三李四

> 답 장삼이사 : 장씨의 셋째아들과 이씨의 넷째아들이라는 뜻으로, '평범한 보통 사람'을 이르는 말.

11. 다음을 간단히 설명하시오. (금강)

近墨者黑

> 답 근묵자흑 : 먹을 가까이 하는 자는 검어진다는 뜻으로, '나쁜 사람을 가까이 하면 물들기 쉬움'을 이르는 말.

12. 한자의 독음이 잘못된 것은? (삼성)

① 偕老 ― 해로　　　　② 示唆 ― 시사
③ 執拗 ― 집유　　　　④ 嚆矢 ― 효시

> ① 부부가 한평생을 함께 살며 늙음.　② 미리 암시하여 일러줌.　③ 고집스럽게 끈질김.　④ 중국에서 전쟁을 시작할 때 우는살을 먼저 쏘았다는 데서 유래. 즉, 온갖 사물의 맨 처음으로 됨을 비유.　답 ③ 집요

13. 다음을 간단히 설명하시오.

明若觀火

> 답 명약관화 : 불을 보듯이 명백함. 뻔함.

14. 다음 단어의 반대말을 한자로 쓰시오. (스포츠조선)

① 優等 (　　　)　　　　② 永劫 (　　　)

> ① 우등　② 영겁　답 ① 劣等(열등)　② 刹那(찰나)

15. 다음 한자는 한글로, 한글은 한자로 쓰시오.(동해생명)

    ① 信念   ② 지식   ③ 복지사회

    ④ 省略   ⑤ 事必歸正   ⑥생명보험주식회사

> 답 ①신념 ②知識 ③福祉社會 ④생략 ⑤사필귀정 ⑥生命保險株式會社

16. 다음을 간단히 설명하시오.(흥국생명)

    三遷之教

> 답 삼천지교 : 맹자(孟子)의 어머니가 아들의 교육을 위하여 집을 세 번이나 옮긴 일.

17. 다음 한자를 바르게 읽은 것은?(통신공사)

    斡旋, 懦弱

    ① 간선, 나약   ② 간선, 유약

    ③ 알선, 나약   ④ 알선, 유약

> ① 간선(幹線), 나약(懦弱)   ② 간선(幹線), 유약(柔弱)   ④ 알선(斡旋), 유약(柔弱)   답 ③

18. '錦衣夜行'의 뜻은?(백양)

    ① 잘 차리고 외출한다

    ② 출세하여 돌아온다

    ③ 사치스러운 생활을 한다

    ④ 보람이 없는 일을 한다

> 금의야행 : 비단옷을 입고 밤에 돌아다닌다는 뜻.   답 ④

19. 다음 한자 숙어에 대한 풀이로 맞지 않은 것은?(한전)

　① 三顧草廬 : 3년 전의 풀뿌리 캐먹던 일을 생각하며 절약
　　한다는 뜻
　② 附和雷同 : 주견이 없이 남이 하는 대로 그저 무턱대고
　　따라함
　③ 四顧無親 : 의지할 곳이 없이 외로움
　④ 不問曲直 : 잘하고 못함을 묻지 않고 함부로 행함

① 삼고초려　② 부화뇌동　③ 사고무친　④ 불문곡직　　답 ①

20. '簞食瓢飮'을 바르게 읽은 것은? (KBS)
　① 단식과음　　　　　② 단사표음
　③ 단식표음　　　　　④ 단사과음

단사표음 : 도시락에 담은 밥과 표주박 물이라는 뜻으로, 청빈하고 소박한 생활을 일컬음.　답 ②

21. 다음 중 한자의 독음이 맞는 것은? (통신공사)
　① 困頓 — 곤돈　　　② 俗諦 — 속테
　③ 燒失 — 효실　　　④ 廓然 — 곽인

② 속체　③ 소실　④ 곽연　　답 ①

22. 다음 단어의 반대말을 한자로 쓰시오. (스포츠조선)
　① 本業(　　)　　　② 能動(　　)

① 본업　② 능동　　답 ① 副業(부업)　② 被動(피동)

23. '큰 뜻을 이루려는 사람의 고초를 겪는 모양'을 나타내는
한자 성어는? (한국화장품)

> 와신상담 : 마음먹은 일을 이루기 위해 온갖 괴로움을 무릅씀.
> 답 臥薪嘗膽

24. 다음 글을 한자로 쓰시오.(경인일보)

　　① 공탁금　　　　　② 유괴
　　③ 지지기반　　　　④ 불쾌지수

> 답 ① 供託金　② 誘拐　③ 支持基盤　④ 不快指數

25. 사람의 할 일을 다하고 하늘의 운명을 기다린다는 말, 즉 '진인사 대천명'을 한자로 쓰시오.(마사회)

> 답 盡人事待天命

26. 다음 문제 중 한글은 한자로, 한자는 한글로 바꿔 쓰시오.

(한국화장품)

　　① 분노　　　　　　② 訥辯
　　③ 烏兔　　　　　　④ 발랄
　　⑤ 이사

> 답 ① 忿怒　② 눌변　③ 오토　④ 潑剌　⑤ 移徙

27. 다음 중 옳게 읽은 것은?(롯데)

　　① 干潟地(간사지)　　② 小荷物(소화물)
　　③ 蛋白質(단백질)　　④ 辦務官(변무관)

> ① 간석지　② 소하물　④ 판무관　　답 ③

28. 논어에 나오는 말로서 '후진(後進)들이 선배(先輩)들보다 나아서 오히려 두렵게 여겨진다'는 뜻의 4글자 숙어를 (   )라 한다. (※한자로 쓸 것) (KBS)

> 답 後生可畏(후생가외)

29. 다음 한글을 한자로 쓰시오. (코오롱)
　　　 ① 판매　　　 ② 상식　　　 ③ 경기도
　　　 ④ 원칙　　　 ⑤ 수출

> 답 ① 販賣　② 常識　③ 京畿道　④ 原則　⑤ 輸出

30. 다음을 간단히 설명하시오. (금강)
　　　 自家撞着

> 답 자가당착 : 언행의 앞뒤가 맞지 않음.

31. 한자는 한글로, 한글은 한자로 바꾸시오. (통신공사)
　　　 ① 苦盡甘來　　　　　 ② 咆虎馮河
　　　 ③ 방방곡곡　　　　　 ④ 유만부동
　　　 ⑤ 금상첨화

> 답 ① 고진감래　② 포호빙하　③ 坊坊曲曲　④ 類萬不同　⑤ 錦上添花

32. 다음을 간단히 설명하시오. (금융증권일보)
　　　 塞翁之馬

> 답 새옹지마 : 인생에 있어서의 길흉화복은 항상 바뀌어 미리 헤아릴 수가 없다는 말.

33. 다음 중 한자의 독음이 틀린 것은?(통신공사)

① 訥辯 — 눌변　　　② 叱責 — 힐책

③ 標識 — 표지　　　④ 干涉 — 간섭

> 叱責 — 질책　　**답** ②

34. '切磋琢磨'의 뜻을 쓰시오.(전북일보)

> **답** 절차탁마 : 학문이나 덕행 등을 배우고 닦음을 이르는 말.

35. '훌륭한 사람이 되기를 <u>기대</u>한다'에서 밑줄 친 낱말을 바르게 쓴 한자는?(금성)

① 期持　　　　　② 期待

③ 期侍　　　　　④ 期特

> ① 기지　② 기대　③ 기시　④ 기특　　**답** ②

36. □實□符

① 名, 上　　　　② 名, 相

③ 命, 相　　　　④ 命, 上

> 명실상부 : 이름과 실상이 부합함.　　**답** ②

37. 다음 한자들을 바르게 읽은 항목을 고르시오.(한겨레신문)

布施, 龜裂, 萎縮, 索道

① 포시, 구열, 위축, 삭도

② 구시, 구열, 왜축, 색도

③ 보시, 균열, 위축, 삭도

④ 포시, 균열, 위축, 색도

> 답 ③

38. 다음 漢字成語 중 뜻이 서로 通하지 않는 것은?(매일신문)

   ① 百尺竿頭   ② 風前燈火

   ③ 乾坤一擲   ④ 焦眉之急

> ① 백척간두 : 몹시 어렵고 위태로운 지경. ② 풍전등화 : 사물이 매우 위태로운 처지에 놓여 있음. ③ 건곤일척 : 흥망을 걸고 온 힘을 다 기울여 마지막 승부를 겨룸. ④ 초미지급 : 눈썹에 불이 붙은 것과 같이 매우 급함. 답 ③

39. 속담과 고사성어가 맞지 않는 것은 다음 중 어느 항목인가?(한겨레신문)

   ① 興盡悲來 — 달도 차면 기운다

   ② 雪上加霜 — 흉년에 윤달

   ③ 附和雷同 — 숭어가 뛰니 망둥이도 뛴다

   ④ 江風明月 — 삼밭의 쑥대

> ① 흥진비래 : 즐거운 일이 다하면 슬픈 일이 옴. ② 설상가상 : 눈 위에 서리가 덮인다는 뜻으로 난처한 일이나 불행이 잇달아 일어남. ③ 부화뇌동 : 줏대없이 남의 의견에 따라 움직임. 답 ④

40. 다음 한자는 한글로, 한글은 한자로 쓰시오.(동방화재)

   ① 締結   ② 하자   ③ 耽讀   ④ 조예

> 답 ① 체결 ② 瑕疵 ③ 탐독 ④ 造詣

41. 다음 말들의 ( ) 속에 차례대로 '千, 萬'자를 넣어 어울리지 않는 성어는?

① (　)變(　)化　　　　② (　)盧(　)失

③ (　)秋(　)歲　　　　④ (　)辛(　)苦

① 천변만화 ③ 천추만세 ④ 천신만고 [답] ②

42. 다음은 각각 나이를 나타내는 말이다. 몇 살을 뜻하는가?

(경인일보)

① 지학(志學)　　(　　　)세

② 망백(望百)　　(　　　)세

③ 고희(古稀)　　(　　　)세

① 지학 : 학문에 뜻을 둠. ② 망백 : 백을 바라본다는 뜻. ③ 고희 : 인생 칠십 고래희(人生七十古來稀)에서 유래. [답] ① 15 ② 91 ③ 70

43. '오만'(교만하여 업심여김)과 '파탄'(떨어지고 터짐)의 바른 한자는?(통신공사)

① 傲慢, 跛綻　　　　② 傲慢, 破綻

③ 傲傲, 跛綻　　　　④ 傲傲, 破綻

傲(거만할 오), 慢(업수이여길 만), 跛(절뚝발 파), 綻(솔기터질 탄), 破(깨뜨릴 파), 傲(오만할 오), 傲(아득할 만) [답] ②

44. 한자를 바르게 쓴 문장은?(의료보험)

① 영업을 防害했다

② 그의 목소리는 魅惑的이었다.

③ 식물을 載培했다

④ 월급에서 보험료를 控濟했다

① 방해(妨害) ② 매혹적 ③ 재배(栽培) ④ 공제(控除) [답] ②

45. '士爲知己者死'의 뜻과 가장 가까운 것은?(한겨레신문)

    ① 선비가 자기를 알기 위해서는 죽어야 한다

    ② 선비는 자기를 알아주는 사람을 위하여 죽는다

    ③ 선비가 되기 위해서는 아는 사람을 죽여야 한다

    ④ 선비는 자기를 위하여 죽은 사람을 안다

> 사위지기자사(士爲知己者死)　**답** ②

46. '此限에 不在하다'라는 구절의 뜻은?(의료보험)

    ① 무한하다　　　　　　② 그렇지 않다

    ③ 따지지 않는다　　　　④ 그것은 여기에 있다

> 차한(此限)에 부재(不在)하다　**답** ②

47. 남에게 살아 계신 자기 아버지를 일컫는 말은?(효성)

    ① 椿堂　　　　　　　　② 家親

    ③ 先親　　　　　　　　④ 春府丈

> ① 춘당 : 남의 아버지를 높이어 이르는 말. ③ 선친 : 남에게 돌아가신 자기 아버지를 이르는 말. ④ 춘부장 : 남의 아버지를 높이어 이르는 말.　**답** ②

48. 다음 한시의 뜻을 풀이하시오.

    少年易老學難成, 一村光陰不可輕

> **답** 소년이 늙기는 쉬우나 학문은 이루기 어려우니, 짧은 시간이라도 가벼이 여겨서는 안 될 것이다.

49. 다음 중 서로 반대어가 될 수 없는 것은?(통신공사)

① 偶然 ― 必然   ② 詛呪 ― 退嬰
③ 永劫 ― 刹那   ④ 反目 ― 和睦

① 우연 ― 필연   ② 저주 ― 퇴영   ③ 영겁 ― 찰나   ④ 반목 ― 화목
답 ②

50. 다음 단어의 반대말을 한자로 쓰시오. (스포츠조선)
① 開放 (   )   ② 表面 (   )

① 개방 (폐쇄)   ② 표면 (이면)   답 ① 閉鎖   ② 裏面

51. 한자의 독음(讀音)이 잘못 적힌 것은? (국회)
① 法則 ― 법칙   ② 編輯 ― 편집
③ 覇權 ― 파권   ④ 牡丹 ― 모란
⑤ 規律 ― 규율

패권(覇權)   답 ③

52. 다음 한자성어 중 틀린 것은? (포항제철)
① 目不識丁 : 아무것노 모름
② 四面春風 : 항상 좋은 얼굴로 대하여 호감을 삼
③ 桑田碧海 : 세상이 덧없음
④ 緣木求魚 : 정성을 다하면 안 되는 일이 없음

① 목불식정   ② 사면춘풍   ③ 상전벽해   ④ 연목구어   답 ④

53. 한자성어에 해당하는 속담이 잘못된 것은? (쌍용)
① 雪上加霜 : 엎친 데 덮친 격
② 草綠同色 : 가재는 게 편

③ 識字憂患 : 아는 것이 병

④ 十匙一飯 : 수염이 석 자라도 먹어야 양반

> ① 설상가상 ② 초록동색 ③ 식자우환 ④ 십시일반   답 ④

54. '그 음악을 ㉠감상하고 있으면, ㉡감상에 젖어 눈물을 흘리기 일쑤였다'에서 ㉠, ㉡의 한자를 순서대로 옳게 적은 것은?(일진그룹)

　　　① 鑑賞 — 感想　　　　　② 鑑賞 — 感傷

　　　③ 感賞 — 感傷　　　　　④ 感想 — 感傷

> 鑑賞 : 예술 작품을 이해하여 즐기고 평가하는 것.　感想 : 마음속에 느끼어 일어나는 생각.　感傷 : 쉽게 슬퍼하거나 쓸쓸함을 느끼어 마음이 상하는 것.　感賞 : 마음에 느끼어 칭찬하는 것.   답 ②

55. 다음 중 한자의 독음이 올바른 것은?(스포츠서울)

　　　① 遁辭(순사)　　　　　② 閱讀(태독)

　　　③ 蒐集(수집)　　　　　④ 嚆矢(고시)

> ① 둔사 ② 열독 ④ 효시   답 ③

56. 고사성어 풀이 가운데 잘못된 것은?(한국전력공사)

　　　① 桑田碧海 : 세상 일이 허망하여 믿을 곳이 없음

　　　② 赤手空拳 : 아무것도 가진 것이 없음

　　　③ 曲學阿世 : 그릇된 학문을 하여 세속에 아부함

　　　④ 置之度外 : 내버려 두고 문제로 삼지 않음

> ① 상전벽해 : 뽕나무밭이 변하여 푸른 바다가 된다는 뜻으로 세상 일의 변천이 심함.　② 적수공권 : 맨손과 맨주먹.　③ 곡학아세 : 진리에 어그러진 학문으로 세상에 아첨하는 것.　④ 치지도외   답 ①

57. 다음 한자어의 독음(讀音)이 바르게 된 것은?(해태)

① 年齡 — 연영   ② 大怒 — 대로

③ 六月 — 육월   ④ 敗北 — 패북

> ① 연령 ③ 유월 ④ 배북   답 ②

58. '他山之石'의 풀이로 올바른 것은?(동양엘리베이터)

① 타산에 있는 돌

② 나와 관계 없는 일

③ 남의 단점을 나의 참고로 삼음

④ 다른 사람의 본받을 수 없는 단점

> 타산지석(他山之石)   답 ③

59. 밑줄 친 부분의 뜻으로 옳은 것은?(국회)

夫天地者萬物之逆旅光陰者百代之過客

① 나그네   ② 여관

③ 세월   ④ 고향

⑤ 여행

> 부천지자만물지역려광음자백대지과객 : 무릇 천지는 만물의 여관이요,
> 세월은 영원한 나그네이다.   답 ②

60. 다음에서 한자의 음이 잘못 달린 것은?(스포츠서울)

① 要諦 — 요체   ② 立錐 — 입추

③ 膝下 — 슬하   ④ 羞澁 — 수섬

> 수삽(羞澁) : 수줍어 머뭇거림.   답 ④

61. 바르게 연결되지 않은 것은?(서울시)

    ① 汗牛充棟 : 많은 책

    ② 自彊不息 : 스스로 힘쓰고 쉬지 않는다

    ③ 三人成虎 : 힘을 합치면 한 사람을 돕기 쉽다

    ④ 同氣一身 : 동기간은 한 몸과 같다.

> ① 한우충동 ② 자강불식 ③ 삼인성호 : 세 사람이 짜면 범이 거리에 나왔다는 거짓말도 사실처럼 될 수 있다는 뜻으로, 근거 없는 말도 여럿이 하면 곧이듣게 됨. ④ 동기일신   **답** ③

62. '脣亡齒寒'의 뜻은?(EBS)

    ① 남의 장점을 본받아 나의 지덕을 연마함

    ② 완전무결하여 흠이 없음

    ③ 두 사람 중에 한 사람이 망하면 다른 사람도 위험하게 됨

    ④ 겉으로 훌륭하게 내세우나 속은 변변하지 않음

> 순망치한(脣亡齒寒)   **답** ③

63. 다음 중 한자의 독음(讀音)이 잘못된 것은?(총무처)

    ① 頻數 — 빈삭　　　　② 更迭 — 경질

    ③ 掛圖 — 궤도　　　　④ 降雪 — 강설

    ⑤ 芟除 — 삼제

> 괘도(掛圖)   **답** ③

64. 다음 중 연결이 잘못된 것은?(국민일보)

    ① 수준 — 水準　　　　② 확률 — 確率

    ③ 수평 — 垂平　　　　④ 능률 — 能率

> 수평(水平)　답 ③

65. 다음 글의 (　) 안에 공통으로 들어갈 한자는?(경남교육)

水至淸(　)無魚하고, 人至察(　)無徒니라.

① 之　　② 則　　③ 焉　　④ 如　　⑤ 於

> 수지청즉무어하고 인지찰즉무도니라 : 물이 지극히 맑으면 고기가 없고, 사람이 지극히 살피면 따르는 무리가 없다.　답 ②

66. '弄瓦之慶'의 뜻은?(국민일보)

① 딸을 낳은 경사

② 아들을 낳은 경사

③ 초가 지붕을 올린 기쁨

④ 추수를 마친 기쁨

> 농와지경(弄瓦之慶)　답 ①

67. 아래의 뜻을 가진 한자어는?(담배인삼공사)

"남이 보지 않는 곳에서도 일에 거짓이 없고, 도리에 어긋남이 없도록 삼간다."

① 一心　　　　　　② 愼獨

③ 善行　　　　　　④ 修己

> ① 한 가지 마음. ③ 착하고 어진 행실. ④ 자신의 몸과 마음을 닦는 것.　답 ②

68. '<u>사고무친</u>한 서울 바닥에 어머닐 혼자 두고 떠나자니 정말 제 발길이 안 떨어져요'에서 밑줄 친 말을 한자로 바르게 쓴

것은?(대구시)

    ① 四顧無親   ② 事故無親

    ③ 思考無親   ④ 四苦無親

사고무친 : 의지할 만한 사람이 전혀 없음. 답 ①

69. '樹欲靜而風不(　), 子欲養而親不(　)'에서 (　) 안에 들어갈
말로 짝지어진 것은?(총무처)

    ① 止一待   ② 往一去

    ③ 淸一察   ④ 雲一明

    ⑤ 明一敬

수욕정이풍부지, 자욕양이친부대 : 나무는 고요히 있으려 하나 바람이
그치지 아니하고 아들이 봉양하고자 하나 어버이는 기다리지 아니한
다. 답 ①

70. 한자음이 바르게 달린 것은?(CBS)

    ① 改悛一개준   ② 標識一표식

    ③ 參差一참치   ④ 瑕疵一가비

① 改悛(개전) ② 標識(표지) ④ 瑕疵(하자) 답 ③

71. 다음에서 한자어 '情狀'의 뜻으로 올바른 것은?(스포츠서울)

    ① 딱한 처지   ② 인정이 많은 곳

    ③ 깨끗한 부분   ④ 세상 형편

정상(情狀) 답 ①

72. '以五十步笑百步'와 비슷한 한자말은?(포항제철)

　　　① 同苦同樂　　　　　　② 大同小異
　　　③ 朝三暮四　　　　　　④ 四分五裂

> 오십보백보 : 좀 낮고 못한 차이는 있으나 서로 비슷함. ① 동고동락
> ② 대동소이　③ 조삼모사　④ 사분오열　　**답** ②

73. 다음 한자어의 독음(讀音)으로 바른 것은?(경기도)

　　渾然一體

　　　① 운연일체　　　　　　② 군연일체
　　　③ 휘연일체　　　　　　④ 혼연일체

> 혼연일체 : (사상이나 행동 따위가) 조금의 차이도 없이 한 덩어리가
> 됨.　　**답** ④

74. '花開昨夜(ㄱ) 花落今朝(ㄴ)'에서 ㄱ, ㄴ에 가장 알맞은 한
　　자는?(대구시)

　　　① 雨, 風　　　　　　② 雲, 霧
　　　③ 雨, 雲　　　　　　④ 風, 霧

> 화개작야우 화락금조풍 : 꽃은 어제 저녁 비에 피었고, 꽃은 오늘 아
> 침 바람에 띨어지니라.　　**답** ①

75. '아니 (　　)도 유분수지. 그래 모른다 모른다 그렇게 어처
　　구니없이 모를 수가 있단 말인가?'에서 (　　) 안에 들어갈
　　적당한 말은?(MBC)

　　　① 菽麥不辨　　　　　　② 東問西答
　　　③ 緣木求魚　　　　　　④ 死後藥方文

> ① 숙맥불변　② 동문서답　③ 연목구어　④ 사후약방문 : 때가 지난
> 뒤에 어리석게 소용없는 애를 씀.　　**답** ①

76. '古稀'는 70세인데, 나이가 적은 데서 많은 순서로 적힌 것은?(한국식품개발원)

　　　① 喜壽―米壽―白壽　　　② 米壽―白壽―喜壽

　　　③ 白壽―喜壽―米壽　　　④ 白壽―米壽―喜壽

> ① 77―88―99　② 88―99―77　③ 99―77―88　④ 99―88―77
> 답 ①

77. 다음 成語의 (　) 안에 들어갈 글자는?(총무처)

　　　守株(　)兎

　　　① 待　　　② 侍　　　③ 得　　　④ 利　　　⑤ 敎

> 수주대토 : 한 가지 일에만 얽매여 발전을 모르는 어리석음의 비유.
> 답 ①

78. 본인이 직접 받아볼 수 있도록 하기 위하여 편지 겉봉에 쓰는 용어는?

　　　① 親展　　　　　　　② 貴中

　　　③ 轉交　　　　　　　④ 本第入納

> ② 편지나 물품을 받을 단체의 이름 다음에 쓰는 경어.　③ 다른 사람을 거쳐서 받게 함의 뜻으로, 편지 겉봉에 쓰는 말.　④ 자기 집에 편지할 때 겉봉에 자기 이름을 적고 그 아래 쓰는 말.　답 ①

79. 다음 중 '虛張(　)勢'의 빈 칸을 채울 수 있는 글자는?(국회)

　　　① 盛　　　② 成　　　③ 省　　　④ 聲　　　⑤ 誠

> 허장성세 : 실속이 없으면서 허세만 떠벌림.　답 ④

80. 다음 중 '矯枉過直'이라는 한자숙어와 뜻이 유사한 것

은?(MBC)

① 거적문에 돌쩌귀

② 녹비에 가로 왈 자

③ 빈대 잡으려다 초가삼간 태운다

④ 곧은 나무가 먼저 찍힌다

교왕과직 : 잘못을 바로잡으려다가 오히려 더 나쁘게 됨.　**답** ③

81. 다음 중 틀리게 연결된 것은?(한국전력공사)

① 30세 : 而立　　　　② 40세 : 不惑

③ 50세 : 知天命　　　④ 15세 : 從心

종심 : 일흔 살의 별칭.　**답** ④

82. '윗사람을 농락하여 권세를 마음대로 휘두른다'는 뜻의 말은?(총무처)

① 漁父之利　　　　② 指鹿爲馬

③ 舍己從人　　　　④ 絶長補短

① 어부지리　② 지록위마　③ 사기종인　④ 절장보단 : 장점이나 넉넉한 것으로 단점이나 부족한 것을 보충함.　**답** ②

83. 다음 불교 용어 중에서 독음이 틀린 것은?(대구)

① 菩薩(보살)　　　　② 布施(보시)

③ 南無(나무)　　　　④ 娑婆(사파)

① 보살 : 위로 부처를 따르고 아래로 중생을 제도하는 부처의 버금이 되는 성인.　② 보시 : 자비심으로 남에게 조건 없이 베푸는 것.　③ 나무 : 부처에게 돌아가 의지한다는 뜻으로 부처나 보살 또는 경문(經文)의 이름 앞에 붙여 절대적인 믿음을 나타내는 말.　④사바 : 석가모니가 교화하는 땅 곧, 인간세계, 사바(娑婆)　**답** ④

84. 다음 중 '惡'의 음이 '오'인 것은?(인천시)

   ① 善惡　　② 罪惡　　③ 惡法　　④ 憎惡　　⑤ 姦惡

> ① 선악　② 죄악　③ 악법　④ 증오　⑤ 간악　　답 ④

85. 다음 熟語의 뜻이 서로 관계 없는 것끼리 연결지어진 것은?(총무처)

   ① 莫上莫下 — 難兄難弟

   ② 吳越同舟 — 弱肉强食

   ③ 目不識丁 — 一字無識

   ④ 張三李四 — 甲男乙女

> ① 막상막하 — 난형난제　　② 오월동주 — 약육강식　　③ 목불식정 — 일자무식 . ④ 장삼이사 — 갑남을녀　　답 ②

86. '病入膏肓'의 讀音은?(서울시)

   ① 병입기맹　　　　　　② 병입고맹

   ③ 병입고황　　　　　　④ 병입갈맹

   ⑤ 병입고망

> 병입고황 : 병이 고치기 어렵게 깊이 듦.　　답 ③

87. '낫 놓고 기역자도 모른다'는 것에 해당하지 않는 것은?(CBS)

   ① 魚魯不辨　　　　　　② 目不識丁

   ③ 菽麥不辨　　　　　　④ 不立文字

> ① 어로불변 : 아주 무식함.　② 목불식정　③ 숙맥불변　④ 불립문자　답 ④

88. 다음 한자숙어에 적절한 두 글자는? (한국전력공사)

　　　口(상)乳臭　百年(하)淸

　　①上, 下　　　　　　　②上, 河

　　③尙, 下　　　　　　　④尙, 河

> 구상유취 : 말이나 하는 짓이 아직 유치함.　백년하청 : 아무리 오래
> 되어도 어떤 일이 이루어지기 어려움.　　답 ④

89. '감 놓아라 배 놓아라'의 뜻과 관계되는 것은? (총무처)

　　①三歲之習　　　　　　②他人之宴

　　③有贈盜物　　　　　　④他山之石

　　⑤見物生心

> ① 삼세지습　② 타인지연　③ 유증도물　④ 타산지석　⑤ 견물생심
> 답 ②

90. 다음 중 '孝'와 관계 있는 숙어는? (광주시)

　　①昏定晨省　　　　　　②守株待兎

　　③一面如舊　　　　　　④錦衣還鄕

　　⑤易地思之

> ① 혼정신성 : 아침저녁으로 부모의 안부를 물어 살핌.　② 수주대토
> ③ 일면여구　④ 금의환향　⑤ 역지사지　　답 ①

91. '죽은 뒤에도 은혜를 갚는다'는 뜻의 고사성어(古事成語)로
　　쓰이는 단어는? (대구시)

　　①犬馬之勞　　　　　　②刮目相對

　　③管鮑之交　　　　　　④結草報恩

> ① 견마지로 : 자기의 노력을 겸손하게 이르는 말.　② 괄목상대　③ 관
> 포지교　④ 결초보은　　답 ④

92. ‘좁은 세계관’의 뜻과 관계가 가장 깊은 말은?(대구시)

　　① 畵中之餠　　　　　　② 井底之蛙

　　③ 我田引水　　　　　　④ 狹小之國

> ① 화중지병 : 그림의 떡. ② 정저지와 : 우물 안 개구리. ③ 아전인수 :
> 자기 논에 물 대기. ④협소지국 : 좁고 작은 나라.　　답 ②

93. 공자(孔子)가 “종심소욕불유구(從心所欲不蹻矩)”라고 하여 ‘마
음 먹은 대로 하여도 법도에 벗어남이 없다’라고 한 나이는?

(제일생명)

　　① 40세　　　② 50세　　　③ 60세　　　④ 70세

> 답 ④

94. 참다운 벗의 죽음을 애도하는 뜻을 맞게 표현한 것은?

(한국통신)

　　① 伯牙絶絃　　　　　　② 昏定晨省

　　③ 斷機之戒　　　　　　④ 麥秀之嘆

> ① 백아절현　② 혼정신성　③ 단기지계 : 맹자가 공부 도중 집에 돌아
> 오자 그의 어머니가 짜던 베를 끊어 그를 훈계하였다는 고사에서 유
> 래한 것으로, 학문을 중도에서 그만두면 아무 쓸모 없이 된다는 경계.
> ④ 맥수지탄　　답 ①

95. 망국(亡國)에 대한 한탄을 가리키는 한자어는?(KBS)

　　① 亡羊之歎　　　　　　② 風樹之歎

　　③ 髀肉之歎　　　　　　④ 麥秀之嘆

> ① 망양지탄　② 풍수지탄　③ 골육지탄　④ 맥수지탄　　답 ④

96. 서간문에서 '인사를 줄인다'는 뜻으로 쓰이는 것은?(강원도)

　① 除煩　　② 就白　　③ 不備　　④ 閣筆

① 제번 : 인사말을 줄이고 바로 할 말만 적는다는 뜻.　② 취백 : 안부를 물은 다음 여쭙고자 하는 말을 적기 시작할 때에 쓰는 말.　③ 불비 : 글이 제대로 정리되어 있지 않는다는 뜻으로 쓰는 말.　④ 각필 : 쓰던 글을 그만두고 붓을 놓는 것.　　답 ①

97. 우연의 일치로 혐의를 받음을 나타내는 한자숙어는?(EBS)

　① 烏飛梨落　　　　② 南柯一夢

　③ 駟不及舌　　　　④ 自家撞着

① 오비이락　② 남가일몽　③ 사불급설 : 아무리 빠른 사마(駟馬)도 혀를 놀려서 하는 말을 따르지 못한다는 뜻으로 소문이 빨리 퍼짐을 비유.　④ 자가당착　　답 ①

98. '흠 잡을 데 없이 완벽한 솜씨'의 成語는?(BBS)

　① 畫龍點睛　　　　② 同工異曲

　③ 天衣無縫　　　　④ 梁上君子

① 화룡점정　② 동공이곡　③ 천의무봉　④ 양상군자　　답 ③

99. 의미상 관련이 가장 적은 것은?(CBS)

　① 이소사대(以小事大)　　② 당랑거철(螳螂拒轍)

　③ 중과부적(衆寡不敵)　　④ 이란격석(以卵擊石)

① 이소사대 : 작은 것으로써 큰 것을 섬김. 곧 작은 나라가 큰 나라를 섬기는 일.　② 당랑거철 : 자기 분수도 모르고 무모하게 덤빔.　③ 중과부적 : 적은 수효로는 많은 수효에 맞서지 못함.　④ 이란격석 : 달걀로 바위 치기.　　답 ①

100. '松茂栢悅'의 옳은 풀이는?(BBS)

    ① 친구가 잘 되는 것을 기뻐함

    ② 어려움에도 굽히지 않는 지조

    ③ 산림 녹화가 잘 됨을 말함

    ④ 농촌 계몽 운동을 일컫는 말

송무백열(松茂栢悅)　　　①

三綱五倫(삼강오륜)

父爲子綱(부위자강)	아들은 아버지를 섬기는 것이 근본이고
君爲臣綱(군위신강)	신하는 임금을 섬기는 것이 근본이고
夫爲婦綱(부위부강)	아내는 남편을 섬기는 것이 근본이다.
君臣有義(군신유의)	임금과 신하는 의가 있어야 하고
父子有親(부자유친)	아버지와 아들은 친함이 있어야 하며
夫婦有別(부부유별)	남편과 아내는 분별이 있어야 하며
長幼有序(장유유서)	어른과 어린이는 차례가 있어야 하고
朋友有信(붕우유신)	벗과 벗은 믿음이 있어야 한다.

틀리기 쉬운 한자

※ (   ) 안의 낱말이 틀린 글자임.

1. 간주 **看做**(간고)	14. 귀감 **龜鑑**(구감)
2. 강단 **降壇**(항단)	15. 균열 **龜裂**(귀열)
3. 강권 **控捲**(공권)	16. 김천 **金泉**(금천)
4. 개전 **改悛**(개준)	17. 끽연 **喫煙**(긱연)
5. 거마 **車馬**(차마)	18. 나약 **懦弱**(난약)
6. 격침 **擊沈**(격심)	19. 날인 **捺印**(나인)
7. 경의 **更衣**(갱의)	20. 녹용 **鹿茸**(녹이)
8. 경칩 **驚蟄**(경첩)	21. 누실 **漏泄**(누세)
9. 공녀 **紅女**(홍녀)	22. 눌변 **訥辯**(납변)
10. 괄목 **刮目**(활목)	23. 다방 **茶房**(차방)
11. 교란 **攪亂**(각란)	24. 단란 **團欒**(단락)
12. 구애 **拘碍**(구득)	25. 도달 **挑達**(조달)
13. 구포 **龜浦**(귀포)	26. 동면 **冬眠**(동민)

27. 매도 罵倒(마도)
28. 맹아 萌芽(명아)
29. 모과 木瓜(목과)
30. 몽매 蒙昧(몽미)
31. 박멸 撲滅(복멸)
32. 박탈 剝奪(약탈)
33. 발랄 潑剌(발자)
34. 보수 報酬(보주)
35. 분비 分泌(분필)
36. 불후 不朽(불휴)
37. 빙자 憑藉(빙적)
38. 사치 奢侈(사다)
39. 색출 索出(삭출)
40. 삼매 三昧(삼미)
41. 생략 省略(성략)

42. 섬광 閃光(염광)
43. 세객 說客(설객)
44. 소급 遡及(삭급)
45. 소사 疏食(소식)
46. 속죄 贖罪(독죄)
47. 쇄도 殺到(살도)
48. 수면 睡眠(수민)
49. 수의 稅衣(세의)
50. 시기 猜忌(청기)
51. 신랄 辛辣(신극)
52. 악착 齷齪(악족)
53. 알선 斡旋(간선)
54. 아류 亞流(압류)
55. 애로 隘路(익로)
56. 집기 什器(십기)

57. 초청	招請(소청)		67. 해로	偕老(개로)
58. 파견	派遣(파유)		68. 해이	解弛(해야)
59. 패권	覇權(파권)		69. 향락	享樂(형락)
60. 패배	敗北(패북)		70. 현량	見糧(견량)
61. 편법	便法(변법)		71. 혐오	嫌惡(겸악)
62. 포상	褒賞(보상)		72. 홀연	忽然(총연)
63. 폭주	輻輳(복주)		73. 효시	嚆矢(고시)
64. 표지	標識(표식)		74. 후각	嗅覺(취각)
65. 할인	割引(활인)		75. 흔쾌	欣快(근쾌)
66. 항렬	行列(행렬)		76. 흡사	恰似(합사)

반대되는 뜻을 가진 한자

1. 去 ── 來
갈 거　　올 래

2. 輕 ── 重
가벼울 경　　무거울 중

3. 高 ── 低
높을 고　　낮을 저

4. 曲 ── 直
굽을 곡　　바를 직

5. 近 ── 遠
가까울 근　　멀 원

6. 吉 ── 凶
길할 길　　흉할 흉

7. 南 ── 北
남녘 남　　북녘 북

8. 內 ── 外
안 내　　바깥 외

9. 多 ── 少
많을 다　　적을 소

10. 得 ── 失
얻을 득　　잃을 실

11. 亡 ── 興
망할 망　　흥할 흥

12. 明 ── 暗
밝을 명　　어두울 암

13. 貧 ── 富
가난할 빈　　부자 부

14. 勝 ── 敗
이길 승　　패할 패

15. 溫 ── 冷
따뜻할 온　　찰 랭

16. 長 ── 短
길 장　　짧은 단

17. 朝 ── 夕
아침 조　　저녁 석

18. 存 ── 無
있을 존　　없을 무

19. 坐 ── 起
앉을 좌　　일어날 기

20. 淸 ── 濁
맑을 청　　흐릴 탁

21. 叢 ── 散
모일 총　　흩어질 산

22. 平 ── 埈
평평할 평　　가파를 준

正睦實
가和誠
丙子年 孟春
李相麒

상식한자

1판 1쇄 인쇄 1996년 5월 10일
1판 1쇄 발행 1996년 5월 20일
2판 1쇄 발행 2013년 2월 10일
2판 3쇄 발행 2020년 2월 20일

편   저 이상기
편집주간 장상태
편집기획 김범석
디 자 인 정온영

발 행 인 김영길
펴 낸 곳 도서출판 선영사
주   소 서울시 마포구 서교동 485-14 영진빌딩 1층
Tel 02-338-8231~2   Fax 02-338-8233
E-mail sunyoungsa@hanmail.net

등   록 1983년 6월 29일 (제02-01-51호)

ISBN 978-89-7558-190-8   03700

· 잘못된 책은 바꾸어 드립니다.